Peter Franz Reichensperger

Kulturkampf

Oder, Friede in Staat und Kirche. 3. Auflage

Peter Franz Reichensperger

Kulturkampf
Oder, Friede in Staat und Kirche. 3. Auflage

ISBN/EAN: 9783744621335

Hergestellt in Europa, USA, Kanada, Australien, Japan

Cover: Foto ©Lupo / pixelio.de

Weitere Bücher finden Sie auf **www.hansebooks.com**

Kulturkampf

oder

Friede in Staat und Kirche.

Von

Peter Reichensperger,
Mitglied des Reichstags.

„Friede auf Erden den Menschen die eines guten Willens sind."

Dritte unveränderte Auflage.

Berlin.
Verlag von Julius Springer.
1876.

Dem Verfasser dieser Blätter hat es nicht blos an dem erforderlichen Maße von Kraft und Zeit, sondern auch an der Neigung gefehlt, ein alle gesetzlichen und thatsächlichen Einzelnheiten darstellendes Gesammtbild derjenigen Zustände zu entwerfen, die man unter dem ominösen Namen „Kulturkampf" zusammenzufassen sich gewöhnt hat. Er hat befürchtet, durch eingehende Darlegung alles Dessen, was in Folge dieses „Kulturkampfes" auf dem Gebiete der Kirche und der Schule geschädigt und zerstört worden ist, in diesem Augenblicke eher Uebles, als Gutes zu wirken, indem er als sichersten Erfolg einer solchen Darlegung eine Schärfung der ohnehin sehr tiefgehenden Verbitterung des katholischen Volkes betrachten zu müssen geglaubt.

Wohl aber hat er es für geboten erachtet, im Hinblicke auf die anscheinend eingetretene kühlere Anschauung der Gegner die hauptsächlichsten Irrthümer darzulegen, aus welchen die feindselige Stimmung der Vergangenheit wesentlich ihre Nahrung geschöpft hat, um so der richtigen Erkenntniß der wahren Sachlage freie Bahn zu schaffen.

Zu diesem Ende soll gezeigt werden,

daß mit vollem Unrechte dem katholischen Theile die Verantwortlichkeit für den sog. Kulturkampf auf Grund der Behauptung zugeschoben worden ist, daß er denselben durch sein Verhalten der Preußischen Staatsregierung aufgedrungen habe, —

daß die hieraus hervorgegangene kirchenpolitische Gesetzgebung weit über die Rechtssphäre des Staates hinaus in das ihm verschlossene Gebiet des eigensten innern Kirchenlebens hineingegriffen habe, —

daß endlich der diesem Vorgehen entgegengetretene Widerstand (richtiger: leidende Gehorsam) der Bischöfe und Priester nicht blos nach der Christenlehre und der Vernunft geboten, sondern auch nach den ausdrücklichen Gesetzesbestimmungen des Preußischen Staates vollkommen berechtigt war.

Freilich ist es ein alter, in der Natur der Sache liegender Erfahrungssatz, daß grade in denjenigen Angelegenheiten, welche das kirchlich=religiöse Gebiet berühren, eine ruhige und unpartheiische Würdigung nur schwer zu erreichen ist, — allein gegenüber dem allseitig empfundenen Bedürfnisse einer Besserung der gegenwärtigen Lage mag es doch keine ganz chimärische Hoffnung sein, daß diese Blätter in demselben Geiste der Loyalität und des Friedens aufgenommen und geprüft werden, welcher sie diktirt hat.

Handelt es sich doch hierbei nicht einmal blos um die heiligsten Rechte und Interessen einer durch das christliche Gewissen fest verbundenen Minorität von Millionen Preußischer Staatsangehörigen, sondern zugleich um die ernste Frage, ob die Fortdauer und Weiterentwicklung der gegenwärtigen Zustände, welche beim Beginnen des „Kulturkampfes" von dessen Urhebern weder gewollt, noch vorhergesehen waren, geeignet sind, die Einheit und die Kraft des Staates Preußen, ja des Reiches selber zu fördern oder zu gefährden.

I.

Die kirchenpolitischen Zustände, welche die Maigesetze von 1873 im Staate Preußen geschaffen, haben im Laufe von wenigen Jahren einen Charakter angenommen, welcher im Inlande von einem Drittheile der Bevölkerung auf's schmerzlichste empfunden, vom Auslande aber vielfach mit Schadenfreude als eine chronische Krankheit des mächtigen Nachbarreiches bezeichnet wird. Gewiß ist auch, daß jene Zustände nicht die Keime einer Besserung in sich selber tragen, sowie daß dieselben nicht geeignet sind, das Gedeihen des Staates oder der Kirche zu fördern und die Einheit und Kraft des neuen deutschen Reiches, welchem nach maßgebenden Erklärungen gefährliche Neider und Feinde nicht fehlen, zu vermehren. Jeder Vaterlandsfreund, welchen Standpunkt er auch gegenüber den politischen und kirchlichen Fragen der Gegenwart einnehmen mag, wünscht darum lebhaft, daß Wandel geschaffen und eine bessere Zukunft angebahnt werde, damit dies neue deutsche Reich nicht mit innerlich zerrissenen und verbitterten Bevölkerungsmassen, sondern mit der ganzen befriedeten Volkskraft allen künftigen Feuerproben entgegengehen könne. Die deutsche Treue wird ja nie gebrochen werden, allein auch die deutsche Vaterlandsliebe und die aus ihr erwachsende patriotische Spannkraft steigt und sinkt in demselben Maße, in welchem das Vaterland sich liebenswerth und gerecht erweist gegen alle seine Kinder.

Die erste Voraussetzung jedes Besserwerdens ist aber hier, wie überall, die Erkenntniß des Uebels selbst nach Ursache und Wirkung, — die Nachprüfung der Erheblichkeit der Gründe, welche das Uebel herbeigeführt haben, und das hierauf zu bauende Urtheil, durch wen und mit welchen Mitteln Abhülfe geschaffen werden könne und müsse, damit das Uebel nicht krebsartig fortwuchernd den Gesammtorganismus angreife und zerstöre.

Einer solchen Diagnose steht Niemand ganz partheilos gegenüber, da Jeder den fieberhaften Pulsschlag der Gegenwart mehr oder weniger lebhaft mitempfindet. Allein der ernste Wille des Verfassers, keine Partheischrift im tendenziösen Sinne des Wortes zu schreiben, sondern die Wahrheit der Dinge zu erkennen und zu bezeugen, wird nach dem Maaße, wie er dies vermocht, dem Zeugnisse selbst die gebührende Bedeutung zuweisen und demgemäß Ein= oder Umkehr bedingen.

Die Lage der Gegenwart wird zwar in bedenklicher Weise karakterisirt durch die beiden Ausnahmegesetze, betreffend das Verbot des Jesuitenordens und der ihm verwandten (?) Orden und ordensähnlichen Kongregationen, sowie die der Polizeibehörde übertragene Befugniß der Internirung und der Expatriirung von Geistlichen; allein jene Lage der Gegenwart ist im Wesentlichen nicht durch diese Ausnahmsgesetze, sondern durch die vier Preußischen Gesetze vom Mai 1873 geschaffen worden, von denen wiederum die beiden ersten hauptsächlich in Betracht kommen.

In dem Gesetze über die Vorbildung und Anstellung der Geistlichen wird diese, das innerste Leben, die Zukunft, ja die Existenz der Kirche bedingenden Angelegenheit schlechthin als eine Staatsfunktion behandelt und reglementirt.

Jene Vorbildung der Geistlichen soll in einem dreijährigen Universitätsstudium unter einer Mehrzahl von Lehrern, welche selber den Ruhm christlicher Weltanschauung nicht beanspruchen, bestehen; Priesterseminarien werden nur bedingungs= und ausnahmsweise geduldet. Gegen jede Anstellung zu einem geistlichen Amte hat ungeachtet jener staatlich reglementirten Vorbildung die Regierungsbehörde das Recht des Einspruchs, wenn nach ihrem alleinigen

Urtheil gegen den Anzustellenden Thatsachen vorliegen, „welche die Annahme rechtfertigen, daß derselbe den Staatsgesetzen oder den innerhalb ihrer gesetzlichen Zuständigkeit erlassenen Anordnungen der Obrigkeit entgegenwirken oder den öffentlichen Frieden stören werde."

Die Preußische Staatsregierung hat hiermit für sich nicht blos das Recht in Anspruch genommen, darüber zu befinden, wie der katholische Priester heranzubilden sei, — sondern auch, durch wen, mithin ob überhaupt im Staatsbereiche die katholische Kirche fernerhin eine kirchliche Wirksamkeit üben dürfe oder nicht, — der Staat hat also die von jeder christlichen Konfession kraft göttlichen Rechts behauptete Bevollmächtigung zur Predigt des Evangeliums und zur Spendung der Sakramente gegenüber der katholischen Kirche verneint und mit Strafe bedroht.

In dem Gesetze über die kirchliche Disciplinargewalt wird bestimmt, daß dieselbe nur von deutschen kirchlichen Behörden, also nicht vom Papste ausgeübt werden dürfe. Gegen jede kirchliche Disciplinar-Entscheidung steht nicht blos dem davon Betroffenen, sondern auch dem Ober-Präsidenten die Berufung an einen Staats-Gerichtshof für kirchliche Angelegenheiten zu, welcher endgültig über die Lebensführung, die Berufstreue und die Rechtgläubigkeit des Geistlichen zu entscheiden hat. Derselbe Gerichtshof hat auf Antrag der Staatsbehörde die Absetzung von Bischöfen und Geistlichen auszusprechen, „wenn deren Verbleiben im Amte wegen Verletzung von Staatsgesetzen oder obrigkeitlichen Anordnungen mit der öffentlichen Ordnung unverträglich erscheint."

Die Preußischen Bischöfe hatten vor Erlassung jener Gesetze erklärt, zur Ausführung derselben kraft ihrer Eides- und Gewissenspflicht nicht mitwirken zu können, und aus dieser zur That gewordenen Erklärung der Bischöfe, sowie aus den weiteren Gesetzen vom April und Mai 1875, betr. die Einstellung der Leistungen aus Staatsmitteln für die römisch katholischen Bisthümer und Geistlichen und das Verbot der geistlichen Orden und ordensähnlicher Kongregationen der katholischen Kirche (nicht auch der evangelischen) ist die Lage der Gegenwart in einer Reihe von Thatsachen erwachsen, die sich zwar kalt niederschreiben, aber nicht kalt miterleben lassen.

In endloser Folge haben die Tagesblätter die Verurtheilung von Bischöfen und Priestern zu Geld- und Gefängnißstrafen, die Beschlagnahme und den öffentlichen Verkauf ihres Besitzthums, die Abführung derselben in die für gemeine Verbrecher bestimmten Strafhäuser wegen geistlicher Amtshandlungen zu verzeichnen, von welchen das katholische Volk mit den Geschädigten glaubt, daß sie durch die bischöflichen und priesterlichen Pflichten geboten waren.

Drei Bischöfe, deren allgemeine Persönlichkeit einer Karakterisirung nicht bedarf, sind von Staatswegen ihres bischöflichen Amtes entsetzt erklärt, obgleich hierdurch das kirchliche Band, welches sie mit dem Klerus und dem katholischen Volke verbindet, nicht gelöst werden kann, — den übrigen Bischöfen und Diözesen ist ein Gleiches in Aussicht gestellt.

Die Konvikte und Priesterseminarien sind geschlossen oder sehen der Schließung entgegen.

Zahlreiche Pfarrgemeinden sind verwaist, ja die Verabreichung der Sterbesakramente in den gesperrten Pfarreien durch benachbarte Geistliche wird in amtlichen Erlassen und gerichtlichen Erkenntnissen als gesetzlich strafbar erklärt.

Den noch im Amte stehenden Geistlichen ist das ganze aus Staatsleistungen fließende Einkommen (annähernd 3 Millionen Mark), welches zum größten Theile auf Rechtsverpflichtungen des Staates beruht, (Erläuterungen des Ministers v. Ladenburg S. 9 u. ff.) durch das Gesetz vom 22. April 1875 gesperrt; die Geistlichen selbst sind auf christliche Liebesgaben hingewiesen, und die Gewährung ihres Unterhaltes durch freiwillige Leistungen des Volkes wird nicht erleichtert, sondern polizeilich erschwert.

Zahlreiche in Gemäßheit der Gesetze gebildete kirchliche Genossenschaften, deren segensreiche Wirksamkeit in Unterricht und Erziehung die allgemeine Anerkennung, auch die der Behörden, vielfach selbst die der prinzipiellsten Gegner gefunden, sind ungeachtet des offenkundigen Mangels an anderweiten Lehrkräften aufgelöst, und ihre oft hoch betagten und erwerbsunfähigen Mitglieder ohne jede Staatssustentation in's Freie gesetzt und zur Auswanderung gezwungen, vielfach mit Ehrenkreuzen auf der Brust. Die betreffenden Stadtgemeinden haben für die Beschaffung neuer Schullokale und Anstellung weltlicher Lehrer an Stelle der Vertriebenen sehr ansehnliche Mehr=Aufwendungen zu tragen.

Selbst den der Krankenpflege gewidmeten Genossenschaften, die sich in der Kraft des göttlichen Wortes: „was ihr dem Niedrigsten unter meinen Brüdern thut, das habt Ihr mir gethan", die Verehrung des Erdkreises überall, auch auf den deutschen Kriegsfeldern durch ihren Opfermuth und ihre christliche Liebesbethätigung errungen, ist nur eine bedingte Gnadenfrist von wenigen Jahren gewährt. Auch diejenigen Frauen=Kongregationen, welche um Gotteswillen die moralische Heilung und Wiederaufrichtung gefallner Mädchen üben, sind aufgelöst. Das kirchliche Leben des katholischen Volkes ist im Staate Preußen nach allen Seiten hin tief geschädigt und der Verurtheilungen seiner Priester ist kein Ende. Selbst jede außeramtliche Predigt des Evangeliums und jede Spendung eines Sakramentes ohne Erlaubniß der Staatsbehörde wird strafrechtlich verfolgt, ja die pflichtmäßige Lesung einer Privat=Messe in der Kirche wird bestraft, wenn der Geistliche nicht dafür gesorgt hat, daß kein Dritter es wahrnehmen kann!

Solche Thatsachen, denen sich analoge Erscheinungen auf dem ganzen Gebiete des Volksschulwesens ebenbürtig anschließen, bedürfen keines Commentars; wohl aber verdient die weitere Frage recht ernstlich in's Auge gefaßt zu werden, welchen allge=

meinen Effect sie nach Außen hin üben müssen. Die Antwort ist die, daß zwar ein Theil des Volks, und wohl der bessere, sich einem solchen Vorgehen der Staatsgewalt gegenüber naturnothwendig nur um so enger und fester an die so behandelte Kirche anschließt, — daß aber der andere Theil sich von ihr und ihren unbequemen Geboten der Geduld, der Entsagung und Selbstverleugnung im Hinblick auf ein ausgleichendes und vergeltendes Jenseits um so weiter abwendet, als jene officielle Behandlung der Kirche nur allzuleicht mit der Werthschätzung identificirt wird, welche der Staat selber jener Kirche und der Religion zollen zu müssen glaubt. Was das aber bedeutet gegenüber der wirklichen Nothlage des Arbeiterstandes und der agitatorisch erregten, überwuchernden Gier nach Besitz und Genuß, sowie gegenüber dem rücksichtslosen Absolutismus der das Produktionsleben beherrschenden Klassen, — das Alles bedarf wohl keiner weiteren Ausführung für Jeden, der sich noch nicht gewöhnt hat, den Vogel Strauß als das Ideal praktischer Weisheit zu betrachten.

Wenn nun aber die oben bezeichnete Eventualität keine chimärische ist, dann könnte in der That bald die Zeit gekommen sein, wo der heißeste Wunsch der Socialisten=Häupter erfüllt ist, daß der Glaube an ein jenseitiges Glück einem großen Bruchtheile des Volkes aus dem Herzen gerissen werden möge, weil es nur dann zum diesseitigen Glücke, d. h. zum Umsturze der bestehenden Gesellschafts=Ordnung geführt oder verführt werden könne. Alsdann wird der Klageruf eines R. Owen nicht mehr zutreffen, daß der Mensch Sclave einer fluchwürdigen Trinität sei, — der Sclave der positiven Religion, des persönlichen Eigenthums und der unlösbaren Ehe.

Videant Consules!

II.

Gegenüber jenen Thatsachen und Eventualitäten, die man nicht bestreiten kann, wohl auch bedauert, ist zunächst gesagt worden, der katholische Theil dürfe sich nicht darüber beklagen, weil nur er die Verantwortlichkeit derselben trage, indem er der Königlichen Staatsregierung das betreffende Vorgehen, den s. g. Kulturkampf, aufgezwungen habe, — und zwar durch mehrfache „ultramontane Uebergriffe" in der Vergangenheit, durch den Syllabus und die Vatikanische Definition.

Wären jene Vorwürfe thatsächlich begründet, so würde immerhin jedes richtige Verhältniß zwischen Ursache und Wirkung bestritten werden müssen, — allein diese offiziellen Vorwürfe selbst sind völlig grundlos.

Was zunächst die angeblichen ultramontanen Uebergriffe der Vergangenheit anlangt, so mag nur auf die eine Thatsache hingewiesen werden, daß seit dem fünfundzwanzigjährigen Bestande der Preußischen Verfassungs-Urkunde keines der wechselnden Ministerien und keine der wechselnden Kammermajoritäten bis zum Beginne des s. g. Kulturkampfes auch nur in Einem Punkte die Behauptung aufgestellt hat, daß die Repräsentanten der katholischen Kirche in Preußen über den ihnen verfassungsmäßig zugewiesenen Rechtskreis hinausgegriffen hätten. Diese Negation kann ja hier nicht positiv erwiesen werden, es genügt aber auch vollkommen die bloße Bezugnahme auf die Schrift des Dr. Lasker: „Zur Verfassungsgeschichte Preußens" 1874, in welcher alle Streitigkeiten und Gegensätze der Vergangenheit erörtert werden, von der Behauptung eines ultramontanen Uebergriffs aber nirgend die Rede ist. Nur einmal im Jahre 1869 ist eine solche Behauptung versucht worden in dem s. g. Klostersturmberichte des Abg. Dr. Gneist, welcher sich bemühte, die Verfassungswidrigkeit der im Staate Preußen begründeten kirchlichen Genossenschaften darzuthun. Allein die Vertreter der drei Ministerien der Justiz, des Innern und der geistlichen Angelegenheiten haben damals jene Behauptung in förmlichen, dem Berichte selbst einverleibten Erklärungen ausführlich widerlegt, und es ist offenkundige Thatsache, daß jener Klostersturmbericht nur darum nicht zur Plenarverhandlung gelangt ist, weil er verworfen worden wäre, diese Genugthuung aber dem katholischen Theile nicht vergönnt ward.

Allein dieser Commissionsbericht ist katholischer Seits sofort als ein Sturmvogel erkannt worden und hat sich als solcher erwiesen. Das katholische Volk hat durch denselben erfahren, wessen es sich von dem kirchenfeindlichen Pseudoliberalismus zu versehen habe, sobald mit dem bösen Willen die Macht Hand in Hand gehe. Es hat darum bei den unmittelbar folgenden Neuwahlen zum Landtage und Reichstage nicht mehr, wie bis dahin, die Vertretung seiner politischen und kirchlichen Rechte und Freiheiten den s. g. Liberalen anvertraut, sondern charakterfeste und verfassungstreue katholische Abgeordnete, deren Loyalität sich in schweren Zeiten erprobt hatte, gewählt, welche die verstärkte Fraktion des Centrums bildeten.

Gegenüber dieser thatsächlichen Genesis der Centrumsfraktion ist es ohne die Annahme anderweiter Bestimmungsgründe kaum zu verstehen, wie der Reichskanzler in der Reichtags=Session von 1871 sagen konnte: „Als ich aus Frankreich zurückkehrte, fand ich zu meiner großen Ueberraschung in meinem eigenen Lande eine gegen mich mobil gemachte Armee." Diese s. g. Armee war in der Wirklichkeit nur gegen die Velleitäten des Klostersturmberichtes, welchem die Preußische Staats=Regierung ebensowohl entgegen getreten war, mobil gemacht worden, und sie war es im Preußischen Abgeordneten-Hause schon ein Jahr früher, ohne daß die Preußische Staats-Regierung und deren Präsident Fürst Bismarck darin irgend einen Akt der Feindseligkeit gegen sie erblickt hätte.

Man kann möglicherweise einwenden, daß die während eines Zeitraumes von 25 Jahren unterbliebene Anfechtung der Handlungsweise der Bischöfe noch nicht den Beweis liefere, daß die letztere den Vorschriften der Preußischen Verfassungs-Urkunde entsprochen, mithin keine übergreifende gewesen, — allein auch diese Möglichkeit wird in der schlagendsten Weise durch die Thatsache widerlegt, daß gerade Dasjenige, was die Maigesetze gegenüber dem Bestehenden forderten und erstrebten, allseitig als mit den Bestimmungen der Preußischen Verfassungs-Urkunde unverträglich anerkannt ward. Es mußte daher, um für jene neuen Gesetze Raum zu schaffen, vorerst zu einer Abänderung von zwei Verfassungs-Artikeln, und als auch dieses sich als ungenügend zur Erreichung des Zweckes erwiesen, zur gänzlichen Aufhebung der Art. 15, 16 und 18 der Verf.-Urk. übergegangen werden, zum klaren Beweise dafür, wie es mit den s. g. ultramontanen Uebergriffen gegenüber dem Preußischen Verfassungsrechte in der Wirklichkeit beschaffen war.

Was sodann den Syllabus anlangt, so ist im Allgemeinen zu bemerken, daß derselbe schon seit 10 Jahren (1864) als eine Zusammenstellung noch viel älterer päpstlicher Entscheidungen über verschiedene Irrthümer der Zeit veröffentlicht und erst seit dem Beginne des „Kulturkampfs" im Staate Preußen für einen gegen die moderne Civilisation erlassenen Absagebrief, ja für eine Gefährdung des Staates sowie der öffentlichen Ordnung und Freiheit, namentlich der Gewissens-, der Kultus- und der Preßfreiheit erklärt worden ist.

Es muß nun schon befremden, daß der katholischen Kirche der Vorwurf einer Gefährdung der Religionsfreiheit grade in dem Augenblicke Seitens der Preußischen Staatsregierung gemacht worden ist, in welchem diese letztere selbst die bestehenden verfassungsmäßigen Garantieen jenes fundamentalen Freiheitsrechtes beseitigte, um für die eigenen, gegen die katholische Kirchenfreiheit gerichteten Bestrebungen offene Bahn zu gewinnen.

Allein die nähere Betrachtung der inkriminirten Nummern 42, 79 und 80 des Syllabus selbst ergiebt auch die völlige Grundlosigkeit der Vorwürfe für einen Jeden, der sich noch an die logische Grundregel gebunden erachtet, daß die einfache Verwerfung eines Satzes nur die negative Behauptung enthält, daß jener Satz als solcher nach Form oder Inhalt falsch sei (kontradiktorisches Gegentheil), — daß aber jene Verwerfung für sich allein in keiner Weise feststellt, wie es sich denn positiv mit der betreffenden Frage verhalte (konträres Gegentheil). Mit anderen Worten: wenn die Behauptung, daß Jemand weiße Haare habe, für unrichtig erklärt wird, so liegt darin nur die Behauptung, daß er keine weiße Haare, nicht aber, daß er überhaupt Haare, oder gar daß er schwarze oder rothe Haare habe. Das muß auch beim Syllabus gelten, ist aber in der allerdings sehr unberufenen Tagespresse und anderwärts aufs hartnäckigste verkannt worden.

In den Regierungsmotiven zu den Maigesetzen ist behauptet worden, die Verbindlichkeit der Religionsdiener zur Erfüllung der bürgerlichen Pflichten werde in Nr. 42 durch Aufstellung des Princips negirt, daß bei einer Kollision zwischen staatlichen und kirchlichen Verordnungen den letztern der Vorzug vor den erstern gebühre.

Der Syllabus selbst hat nun in Nr. 39 zunächst den Satz verworfen: „der Staat besitzt als der Ursprung und die Quelle aller Rechte ein ganz schrankenloses Recht."

Hieran anschließend wird in Nr. 42 der weitere Satz verworfen: „Bei einem Widerspruche der Gesetze beider Gewalten geht das weltliche Recht vor."

Durch Verwerfung dieser Sätze wird lediglich das Eine negirt, daß es kein Gebiet gebe, welches der Staatsgewalt nicht unterworfen sei, — und die absolute Verwerflichkeit dieser Sätze, welche der Staatsgewalt das Recht zuschreiben, auch das Glaubensbekenntniß und die Kirchenverfassung maßgebend zu bestimmen, soll unten noch näher dargelegt werden. In dieser Verwerfung wird dagegen in keiner Weise positiv ausgesprochen, daß immer oder wann das kirchliche Gesetz vorgehe. Auch thatsächlich dürfte es wohl noch Niemanden in den Sinn gekommen sein, aus jener Verwerfung den Schluß zu ziehen, daß er den kanonischen Civilprozeß anstatt der Landesprozeßordnung anwenden müsse.

In Nr. 79 des Syllabus wird der Satz verworfen: „Es ist falsch, daß die staatliche Freiheit aller Kulte und die Allen gewährte volle Freiheit, alle Meinungen und Ansichten öffentlich bekannt zu machen, zum leichteren Verderbniß der Sitten und Gemüther und zur Verbreitung der Pest des Indifferentismus beitrage."

Der Syllabus entscheidet also nur, daß es nicht falsch sei, an die bezeichneten schrankenlosen Freiheiten die angegebene Befürchtung anzuknüpfen, allein er erklärt nicht entfernt die Staatsgewalt für verpflichtet, keine Kultus- oder Preßfreiheit zu gestatten. Die wirkliche Verwerflichkeit der hier verworfenen, dem krassen Naturalismus entstammten Behauptung bedarf wohl auch für einen denkenden Menschen keines weiteren Beweises. Jeder besonnene Familienvater und jeder Gesetzgeber beweist thatsächlich, daß er die wirkliche Gefährlichkeit jener zucht- und zügellosen Freiheit anerkennt. Die Nordamerikanische Republik hat die Freiheit jedes beliebigen Kultus nicht für ungefährlich erachtet, vielmehr die Mormonen mit ihrem Kultus der Polygamie erst aus Jackson-County, dann aus Missouri, zuletzt aus Nauvoo vertrieben, und ist im Begriffe, mit dem Strafgesetze vorzugehen. Einem indischen Mörderkultus gegenüber wird Jedermann die Richtigkeit des Syllabus anerkennen. Alle Staaten der Welt treten ebenso dem angeblichen Rechte, alle Meinungen zu veröffentlichen, mit dem Strafgesetze

recht energisch entgegen. Das Verwerfungsurtheil des Syllabus
steht also in vollem Einklange mit dem gesunden Menschenver=
stande und der Staatspraxis, und dennoch wird fort und fort von
Tausenden, die jenes Verwerfungsurtheil nie gelesen haben können,
nachgesprochen, daß es die Kultus= und Preßfreiheit überhaupt ver=
damme. Wie so manches andere Vorurtheil ist auch dieses im
Interesse des s. g. Kulturkampfes wacker, wenn auch nicht redlich
ausgebeutet worden, und nur darum mag hier noch auf die That=
sache hingewiesen werden, daß sogenannte Ultramontane nicht blos
in Preußen, sondern in allen Ländern der Welt nach wie vor Ver=
öffentlichung des Syllabus für die Aufrechthaltung der betreffen=
den, kraft des Entwickelungsgangs der Staaten gesetzlich begrün=
deten Freiheitsrechte für sich, wie für Alle, auch für das bürger=
liche und staatsbürgerliche Recht der Juden im Jahre 1856, wirk=
sam eingetreten sind, ohne jemals mit ihrem Gewissen oder dem
Syllabus, mit den Bischöfen oder mit dem römischen Stuhle in
Konflikt gerathen zu sein. Ja der römische Stuhl selbst hat jene
Haltung der Katholiken ausdrücklich gebilligt. In der Belgischen
Kammer hatte ein s. g. Liberaler ebenwohl behauptet, die katho=
lischen Abgeordneten seien entweder kirchliche Häretiker oder Mein=
eidige gegenüber der freiheitlichen Verfassung des Landes. Die
katholischen Abgeordneten haben dort dieselbe Antwort gegeben,
wie es hier geschieht, — allein um dem Gerede ein Ende zu
machen, daß man in Rom jene Anschauung verwerfe, haben
sie den Abdruck des stenographischen Berichtes dem römischen
Stuhle eingesendet mit dem Anheimgeben, davon Einsicht zu
nehmen und die Auffassung zu prüfen. In dem veröffentlichten
Antwortschreiben Roms ist nun die vollständige und bedingungs=
lose Zustimmung ausgesprochen worden.

Das Hauptattentat gegen die Menschheit soll endlich in Nr. 80
des Syllabus geleistet sein, wo der Satz verworfen wird: „Der
römische Papst kann und muß sich mit dem Fortschritt, dem Libe=

ralismus und der modernen Civilisation versöhnen und vergleichen."
Man giebt sich hier den Anschein, zu glauben, der Papst verwerfe Civilisation, Liberalismus, Fortschritt überhaupt, während doch jene Worte hier nur in dem Sinne Derjenigen verstanden werden können, welche dem Papste das zurückgewiesene Ansinnen stellen. In der Allokution vom 18. März 1861, durch welche diese These zuerst verworfen worden ist, wird jene heuchlerische, christenfeindliche s. g. Civilisation, an deren Spitze Mazzini und Garibaldi stehen, nach der Natur gezeichnet und dann wörtlich gesagt: „Könnte nun der römische Papst je solcher Civilisation die Freundeshand reichen und von Herzen ein einträchtiges Bündniß mit ihr eingehen? Man muß den Dingen ihren wahren Namen zurückgeben, und der heilige Stuhl wird sich immer gleichbleiben. Denn er war beständig der Beschützer und Beförderer wahrer Civilisation; die Denkmale der Geschichte geben beredtes Zeugniß und beweisen, wie zu allen Zeiten von diesem heiligen Stuhle in die entferntesten und barbarischen Gegenden des Erdkreises wahre und ächte Humanität, Zucht und Weisheit eingeführt wurde. Da man aber unter dem Namen Civilisation ein eigens zur Schwächung, vielleicht sogar zur Vernichtung der Kirche Christi gebildetes System verstehen will, kann dieser heilige Stuhl und der römische Papst gewiß nie mit solcher Civilisation übereinkommen."

Was schließlich die im Vatikanum dogmatisch festgestellte lehramtliche Unfehlbarkeit des Papstes anlangt, so hat zur Schmach der Gegenwart böser Wille oder maßlose Unwissenheit diese Definition mit dem Gedanken an Sündenlosigkeit oder gar Gottgleichheit des Papstes verwechseln zu dürfen geglaubt.

Die katholische Kirche weist solche Begriffsverwirrung auf das entschiedenste zurück. In der Wirklichkeit besagt diese Definition nichts wesentlich anderes, als was, abgesehen von dem Baseler Rumpfkonzil, zu allen Zeiten in der katholischen Kirche anerkannte Geltung hatte. Das unfehlbare Lehramt der im Konzil unter der Leitung des Papstes vereinigten Kirche ist stets die Grundlage des katholischen Glaubens und die Voraussetzung seiner Einheit und Reinheit gewesen. An eine Sündenlosigkeit oder Gottgleichheit ist aber bei den Mitgliedern des Konzils ebenso wenig zu denken, wie selbst bei den Verfassern der heiligen Schriften, denen nach der Ueberzeugung aller gläubigen Christen unmittelbare göttliche Inspiration zur Seite stand. Die lehramtliche Unfehlbarkeit der Kirche beruht dagegen nicht auf der Annahme einer Inspiration, sondern nur auf der die Existenz der Kirche bedingenden Verheißung, daß die Führung des heiligen Geistes dieselbe bis an das Ende der Zeiten die bereits geoffenbarte Wahrheit erkennen und alle Völker lehren lasse. Die Vatikanische Definition endlich hat nur festgestellt, daß jene Verheißung dem in Sachen des Glaubens und der Sitten ex cathedera entscheidenden Haupte der Kirche, wie dieser selbst gegeben sei, — ein Satz, der schon vordem seine indirekte Anerkennung darin gefunden hatte, daß ein Konzilbeschluß überhaupt nur durch die Autorität des Papstes Geltung erhalten konnte.

In Beziehung auf diese Vatikanische Definition hatte Fürst Bismarck am 30. Januar 1872, mithin 1½ Jahre nach deren Verkündigung, im Preußischen Abgeordnetenhause erklärt: „Dogmatische Streitigkeiten über Wandelungen und über Deklarationen, welche innerhalb des Dogmas der katholischen Kirche vorgegangen sein mögen, liegen der Regierung fern, und müssen ihr fern liegen. Jedes Dogma, auch das von uns nicht geglaubte, welches so und so viele Landsleute theilen, muß für die Mitbürger und für die Regierung jedenfalls heilig sein." Erst drei Jahre nach seiner Verkündigung wurde dies Dogma im großmächtigen Staate Preußen, sonst nirgendwo, für eine Staatsgefahr erklärt, weil durch dieselbe die Stellung des Papstes zum Staate und zu den Bischöfen vollständig verändert worden sei. Allein nicht blos die Katholiken, sondern auch protestantische Gelehrte, wie Geffken,

Hinschius u. A., wissen und beweisen es, daß jene Definition nur der formelle Abschluß der bisherigen gemeingültigen Kirchenanschauung gewesen, und daß dieselbe an dem bisherigen thatsächlichen Verhältnisse zwischen Staat und Kirche, oder gar an dem durch das kanonische Recht geordneten Verhältnisse zwischen dem Papste und den Bischöfen schlechterdings nichts geändert hat. Es ist doch auch unleugbar, daß eine Lehrmeinung, welche bis dahin von jedem Katholiken als seine persönliche Ueberzeugung festgehalten werden konnte und von der großen Mehrheit der Bischöfe, namentlich aber vom römischen Stuhle thatsächlich angenommen und geübt war, durch ihre Feststellung als Glaubenssatz nicht zu einer staatsgefährlichen Institution werden konnte.

Allein zum Ueberflusse haben dies Alles auch die Deutschen Bischöfe gegenüber der bekannten Circular-Depesche des Auswärtigen Amtes in einer Kollectiv-Erklärung ausgesprochen, welche in der liberalen Presse für sachlich beruhigend erklärt, aber um deswillen bemängelt ward, weil sie nicht von Rom oder nach Rom gelangt sei, welches allein zu entscheiden habe. Jene Kollektiv-Erklärung war indessen von den Bischöfen zugleich an den römischen Stuhl eingesandt worden, und durch das veröffentlichte päpstliche Breve vom 2. März 1875 ist dieselbe ihrem ganzen und vollen Umfange nach gebilligt worden.

Allein wenn selbst im Vaticanum und im Syllabus alle die bedenklichen Keime, welche man darin verspüren will, wirklich lägen (wie dies nachgewiesenermaßen nicht der Fall ist), dann müßte doch immer noch die Frage erhoben werden, ob es denn einer gesunden Politik entspreche, solche mögliche Gefahren der Zukunft in diejenigen konkretesten und gefährlichsten Schäden der Gegenwart umzusetzen, welche oben nur angedeutet worden sind. Man hat dies letztere wohl auch nicht gewollt, vielmehr auf Grund der wiederholten eigenen Behauptungen alles Ernstes gemeint, man habe es ja nur mit dem s. g. ultramontanen Häuflein, nicht mit dem ganzen katholischen Volke bis in seine höchsten Spitzen zu thun, nicht mit dem ernsten, unbeugsamen Entschlusse desselben, seine Religions= und Gewissensfreiheit mit jedem Opfer bis zum Aeußersten zu vertheidigen. Und nun, da der Irrthum offenbar geworden, mag es ja schwer sein, den Schlußsatz des „errare humanum est" zur Geltung zu bringen; der gute Genius des Vaterlandes aber wird es abwenden, daß das andere Wort Platz greife: „tensus rumpitur arcus".

Die Verantwortlichkeit für die neue Kirchenpolitik ist sonderbarer Weise auch noch der Fraktion des Centrums im Preußischen Abgeordnetenhause officiel zugewiesen worden, als ob sie bez. ihre Mitglieder nicht nach Art. 83 der Verf.=Urkunde das ganze Preußische Volk, sondern die katholische Kirche in Preußen verträten und durch etwaige falsche Schritte eine begründete Veranlassung zur Schädigung der letztern überhaupt liefern könnten. Hat doch sogar Fürst Bismarck am 30. Januar 1872 im Abgeordnetenhause behauptet, die Centrumsfraktion vertrete nicht einmal die Mehrheit ihrer Glaubensgenossen!

Allein wie steht es denn thatsächlich mit jener angeblichen Verschuldung der Fraktion? Es wird derselben zunächst zum Vorwurfe gemacht, daß sie bei Berathung der Reichsverfassung die Aufnahme der in den Art. 12, 15, 27, 28, 29 u. 30 der Preuß. Verf.=Urk. gewährleisteten Grundrechte der Preßfreiheit, des Vereinsrechts und der Religionsfreiheit beantragt habe. Diese Thatsache ist richtig und illustrirt zugleich thatsächlich das oben in Betreff des wirklichen Sinnes der Nr. 79 des Syllabus Dargelegte; — wie aber in diesem Antrage eine Provokation gegen die Preußische Staatsregierung gefunden werden kann, ist um so weniger abzusehen, als derselbe grade damit motivirt ward, daß jene Preußischen Verf.=Bestimmungen der Gerechtigkeit in vollem Maaße entsprächen und sich thatsächlich durchaus bewährt hätten. Aehnliche Anträge waren zudem schon bei Berathung der Norddeutschen Bundesver=

faſſung von drei anderen politiſchen Partheien geſtellt worden, obgleich damals die Preſſe und das Vereinsweſen der Kompetenz der Bundesgeſetzgebung noch gar nicht zugewieſen war. Letzteres iſt vielmehr erſt durch die deutſche Reichsverfaſſung geſchehen, hierdurch aber die berechtigtſte Veranlaſſung gegeben worden, jene hochwichtigen Geſetzgebungs-Materien mit den entſprechenden Preußiſchen Verfaſſungs-Garantieen zu umgeben.

Als zweites, noch ſchwereres Attentat iſt der Fraktion des Centrums zur Laſt gelegt worden, daß ſie bei der Adreßberathung des Reichstages im Frühjahre 1871 eine Einwirkung des deutſchen Reiches zur Wiederherſtellung der weltlichen Macht des Papſtes gefordert habe. Wenn die Fraktion jene Forderung wirklich geſtellt hätte, ſo wäre dies vielleicht etwas Unpraktiſches und Inopportunes geweſen, allein ein Akt der Feindſeligkeit würde darin doch eben wenig gefunden werden können, zumal wenn man ſich vergegenwärtigt, daß Se. Majeſtät der König ſelber in der Thronrede vom 7. November 1867 nach der nur theilweiſe erfolgten Spoliation des Kirchenſtaates durch die Sardiniſche Regierung erklärt hat, es werde „das Beſtreben Seiner Regierung ſein, dem Anſpruche Seiner katholiſchen Unterthanen auf Seine Fürſorge für die Würde und Unabhängigkeit des Oberhauptes ihrer Kirche gerecht zu werden", — ſowie daß entſprechende Aeußerungen Seitens derſelben Höchſten Stelle auch noch in Verſailles ergangen waren.

Allein die ganze thatſächliche Vorausſetzung obigen Vorwurfes iſt eine reine Erfindung. In dem Adreß-Entwurfe der Reichstags-Majorität vom März 1871 war ohne jede in der Thronrede ſelbſt gegebene Veranlaſſung folgender Satz vorgeſchlagen: „Die Tage der Einmiſchung in das innere Leben anderer Völker werden, ſo hoffen wir, unter keinem Vorwande (!) und in keiner Form wiederkehren". Dieſer nach Form und Inhalt gleich bedenkliche Satz war direkt gegen obige Allerhöchſten Aeußerungen gerichtet, indem er ausgesprochenermaßen gegen jede desfallsige Intention protestiren sollte. Die Fraktion des Centrums hat nun den unten als Anlage folgenden Gegen=Entwurf vorgelegt, welchem auch liberale Blätter das Zeugniß größerer patriotischer Wärme ausgestellt, und in welchem sachlich nur obiger Satz durch Abwesenheit glänzte. Von einer positiven Interventions=Forderung ist darin auch nicht im Entferntesten die Rede.

Diese offenbar ungerechten Vorwürfe sind ja an sich verhältnißmäßig untergeordnet, allein sie bilden ein Glied in jener großen Kette von Verdächtigungen, welche den konfessionellen Haß nährten und schließlich in der gegen die Preußischen und Deutschen Katholiken, ein Drittheil der Nation, geschleuderten, geradezu selbstmörderischen Anklage der Reichsfeindlichkeit gipfelten. Der vaterländische Stolz verbietet es, auf eine solche Anklage anders, als mit dem Ausdrucke der Indignation zu antworten. Es mag nur zum Ueberfluß daran erinnert werden, daß der Verfasser dieser Blätter der Erste war, der schon am 24. November 1870, also lange vor den Abmachungen von Versailles, auf die Erwartung des ganzen Deutschen Volkes hinwies, daß unter dem Scepter der Hohenzollern das deutsche Kaiserreich wieder aufgerichtet werde. Nach Darlegung der Erfolge der Deutschen Waffen sagte er im Reichstage: „Dann vertraue ich aber auch, daß der siegreich geführte Volkskrieg und die wohlgeordnete Einrichtung des neuen Deutschen Bundes das Volk auch den Schlußstein erreichen lasse, der immer erstrebt wird und erstrebt werden muß, — ich hege keinen Zweifel, daß unter unseren Augen die Thore des Kyfhäusers sich öffnen, und daß wir den Morgengruß des erwachenden Deutschen Kaisers vernehmen werden!"

Diese Worte sind wahrlich nicht durch Gleichgültigkeit gegen mögliche Gefährdungen der katholischen Kirche in einem Kaiserreiche mit einer protestantischen Dynastie eingegeben worden, wohl aber durch die vom König Friedrich Wilhelm IV. und König

Wilhelm I. seit einem Menschenalter fest begründete Ueberzeugung, daß unter dem Scepter der Hohenzollern Staat und Kirche gleich=mäßig gedeihen können ohne Streit und ohne Neid, namentlich ohne einen sog. „Kulturkampf", der thatsächlich nichts anderes ist, als ein Kampf gegen jede wahre Kultur, und der, fortgeführt, nur mit der Vernichtung aller staatsbürgerlichen und kirchlichen Freiheit enden kann. Und jenes hohe Vertrauen darf, ja muß auch heute noch festgehalten werden, da die schmerzliche Episode der Gegenwart nur um so klarer die Weisheit jener Traditionen der Vergangenheit erkennen lassen wird.

III.

Die vorstehenden Ausführungen müssen wohl die Schlußfolgerung rechtfertigen, daß der durch die neue Kirchengesetzgebung heraufbeschworene s. g. Kulturkampf unmöglich seinen letzten Grund in den oben erörterten Anklagepunkten haben kann.

Es müssen ganz andere, tiefer liegende Gründe und Zwecke dazu bestimmt haben, und die ausländische, namentlich die italienische Presse hat nicht ermangelt, desfallsige Fingerzeige zu geben, welche auf momentane Interessen der auswärtigen Politik hinweisen. Solche Interessen sind dermalen jedenfalls in den Hintergrund getreten, und deren Erörterung kann um so weniger die Aufgabe dieser Blätter sein, da sie nicht den Streit, sondern den Frieden erstreben. Sehen wir uns daher nach den andern treibenden Gründen um.

Im Verlaufe der öffentlichen Verhandlungen ist erklärt worden, daß die bis dahin bestandenen freiheitlichen Verhältnisse im Kirchenleben nicht länger geduldet werden könnten, weil dieselben nur zur Erstarkung und Lebensentfaltung der katholischen Kirche, nicht der protestantischen, geführt haben, und weil dabei die Rechte und Interessen des Staates nicht hinreichend gewahrt seien.

Die Engherzigkeit des ersten Motivs liegt zu sehr auf der Hand, als daß es eine nähere Würdigung verdienen dürfte. Der wirklichen Lebensbethätigung der katholischen Kirche muß sich ja Jeder freuen, der nicht seine Augen vor der wachsenden Entchristlichung der Gegenwart verschließt.

Die evangelische Landes-Kirche ist zudem im Begriffe, der

Staatsumarmung nach dem Maaße ihrer selbsterkannten Interessen sich zu entwinden und freie Gestaltungen aus sich selbst heraus zu schaffen. Sollte es ihr daher an dem erforderlichen Selbstvertrauen zum freien geistigen Wettkampfe mit der freien katholischen Kirche fehlen, so würde dies der eigenen Bankerutt-Erklärung gleichkommen.

Was dagegen den zweiten Punkt anlangt, so betrifft derselbe allerdings eine Frage ersten Ranges, welche seit der Begründung des Christenthums mit allen Waffen des Geistes und der Gewalt durchgekämpft, jedoch einer theoretisch oder praktisch abschließenden Lösung noch nicht entgegengeführt worden ist, — die Frage nach dem richtigen Verhältnisse zwischen Staat und Kirche.

Bis heran waren es im Großen und Ganzen nur zwei Systeme, welche in Betracht kamen, — das der prinzipiellen und maßgebenden Ueberordnung der Kirche über den Staat oder aber des Staates über die Kirche, — das grundsätzlich allein berechtigte System der Nebeneinanderordnung der beiden großen Gewalten zu gleichem Rechte innerhalb der einer jeden eigenthümlichen Lebenssphäre hat sich erst nach den Erschütterungen der Vergangenheit allmählig Bahn zu brechen vermocht und muß die Zukunft beherrschen, wenn nicht Ordnung und Freiheit als zwei sich ausschließende Begriffe erklärt werden sollen. Das theokratische, wie das cäsaropapistische System ist gleich unmöglich geworden, insofern die Voraussetzungen Beider längst nicht mehr bestehen.

Da, wo das religiöse Lebensbewußtsein in einem Volke überwog, — wo es die andern sozialen und politischen Interessen gar absorbirte, wo endlich, wie im mittelalterlichen Staatswesen, alle Macht der Wissenschaft und der alten Kultur nur in der Kirche und durch sie lebte, da bestand, nicht kraft kirchlichen Prinzips, sondern eben nur thatsächlich die Ueberordnung der Kirche über den Staat, — da wurde die Kirche wesentlicher Zweck des Staates selber und der letztere mußte mehr oder minder zurücktreten in die untergeordnete Stellung des Mittels zu einem andern, höhern Zwecke. Wo dagegen in einem Volke oder einer Zeitperiode das Außenleben zu überwiegen begann, — wo der Mensch sich vor Allem als Bürger dieser Erde fühlte und das Bewußtsein seiner Beziehungen zu Gott und zum Jenseits mehr in den Hintergrund trat, — wo vielleicht die Kirche selber durch das abnorme Uebergewicht ihrer Vertreter über die von Rechtswegen selbstständige Staatsgewalt und durch allzu enge Verwicklung mit der äußeren Welt Schaden am eigenen inneren Leben genommen, — da machte sich mit derselben Naturnothwendigkeit die entgegengesetzte Tendenz der Ueberordnung des Staates über die Kirche geltend; die letztere wurde mehr oder weniger zur Dienerin des Staates und zur Polizei-Anstalt erniedrigt, hiermit aber ebenwohl verweltlicht und unfähig, ihre ganze erhebende und veredelnde Kraft zum Heile der Menschheit, wie des Staatswesens zu entfalten.

Diese beiden Systeme müssen innerlich gleich falsch sein, wenn es anders wahr ist, daß die Menschheit kraft ihrer Doppelnatur eine zweifache Aufgabe zu lösen hat, welche sie gleichmäßig auf den Staat und auf die Kirche hinweist, — und wenn es zugleich wahr ist, daß eine jede dieser Lebensformen des menschlichen Daseins nur auf dem Boden der Selbstbestimmung, also der Freiheit, ihr ganzes eigenstes Wesen zu verwirklichen vermag. Beide exclusive Systeme sind darum kraft ihrer Einseitigkeit verderblich, indem sie die harmonische Entwicklung der Menschennatur nach ihren zwei großen Polen hin hemmen und gefährden.

Die böse Frucht des nackten Staatskirchenthums ist der Gegenwart in der Erstarrung des Russenreiches, dem Geschichtskundigen in dem Namen Byzanz vor Augen geführt. Allein auch das durch bureaukratisch-liberale Anschauungen gemäßigte System der staatlichen Ueberordnung über die Kirche hat sich im Laufe der Jahrhunderte für den Staat, wie für die Kirche so verderblich erwiesen, daß sie der allgemeinen Verurtheilung längst verfallen ist und in allen neuen Verfassungs-Urkunden mehr oder weniger bestimmt reprobirt ward. Mit der Idee des Rechtsstaates, welchen die Gegenwart fordert, ist aber das alte Bevormundungssystem auf dem kirchlichen Gebiete noch weit unverträglicher geworden, als auf dem staatlichen, seitdem der moderne Staat den früheren christlichen Charakter seiner obrigkeitlichen Gewalt ausdrücklich abgelegt hat, — im Staate Preußen durch Art. 12 der Verfassungs-Urkunde, welcher jedes bürgerliche und staatsbürgerliche Recht vom religiösen Bekenntnisse unabhängig erklärt. In naturnothwendiger und bewußter Consequenz der Thatsache, daß hiernach Regierungs-Präsidenten, Ober-Präsidenten und Kultus-Minister nicht mehr, wie früher, das Princip des christlichen Staates repräsentiren können und sollen, hat denn auch dieselbe Preußische Verfassungs-Urkunde im Art. 15 bestimmt, „daß die evangelische und die römisch-katholische Kirche, sowie jede Religionsgesellschaft ihre Angelegenheiten selbstständig ordnet und verwaltet", — und diese Preußische Verfassungs-Urkunde hat unter jenem Worte: „ihre Angelegenheiten" nicht blos die innern, sondern auch die äußern Angelegenheiten der Kirche umfassen wollen und wirklich umfaßt, wie dies durch die Verhandlungen der Verfassungs-Revision von 1850 in formellster Weise festgestellt worden ist.

Diese Preußischen Verfassungs-Bestimmungen, welche mit den Beschlüssen des Frankfurter Parlamentes in allem Wesentlichen übereinstimmen, haben also das oben bezeichnete System der Nebeneinanderordnung von Staat und Kirche zu gleichem Rechte innerhalb der ihnen eigenthümlichen Rechtssphäre prinzipiell verwirklicht und thatsächlich einen 25jährigen kirchlich-politischen Frieden begründet.

Es ist damit die in der Wissenschaft längst erkannte Wahrheit praktisch geworden, welche von Rönne, Staatsrecht I. b. S. 466 in folgenden Worten zusammenfaßt: „Während die Sphäre des

Staates alle äußern Verhältnisse der Staatsbürger insoweit um=
faßt, als sie unter den allgemeinen Begriff des Rechts, nämlich der
nöthigenfalls durch Zwang geltend zu machenden Ordnung für das
menschliche Gemeinleben fallen, ist die Kirche die zur Pflege der
Religion bestimmte organische Anstalt. Sie ist daher vom Staate
nach Gegenstand, Zweck und Wirksamkeit verschieden,
und deshalb betrachtet die gemeinsame Ordnung aller
christlichen Völker Staat und Kirche als zwei wesent=
lich selbstständige Gemeinschaften."

Will man hierbei noch nach den Folgen fragen, welche aus
dieser neuen Staatsordnung hervorgegangen sind, so mag der Preu=
ßische Staatsanzeiger vom Herbste 1866 die Antwort geben. Er
sagt: „Eines der glänzendsten Zeugnisse dafür, daß Preußen seiner
kulturhistorischen Mission im Herzen Europas mit Erfolg nach=
gekommen ist, erblicken wir jetzt insbesondere auf dem kirchlichen
Gebiete." Es wird dann auf den patriotischen Wetteifer aller
Konfessionen in dem so erfolgreich geführten Kriege hingewiesen
und mit folgenden Worten geschlossen: „So erndtet Preußen auch
auf dem Gebiete der religiösen Toleranz und Freiheit Früchte, zu
welchen seine Regenten Jahrhunderte hindurch den Saamen aus=
gestreut haben." Damals verstand man also unter der „kultur=
historischen" Mission Preußens das direkte Gegentheil von Dem,
was heute im „Kulturkampf" angestrebt wird.

Seitdem haben sich ja wiederum s. g. realpolitische Stimmen
gefunden, welche die damalige Lösung der Frage eine leichtfertige
nannten; ein Mitglied des neuen deutschen Reichstags hat geglaubt,
ein großes Wort ausgesprochen zu haben, wenn er sagte: „Zu
jener Zeit (1848—50) haben wir in der Politik noch die Kinder=
schuhe getragen."

Es ist dies buchstäblich richtig, wenn der Redner nur den
Autoren=Pluralis angewendet, — im anderen Falle ist es eine maß=
lose Selbstüberhebung der Gegenwart und eine ebenso maßlose Ver=

kennung der Vergangenheit. Die schwächlichen Epigonen jener großen Zeit der Wiedergeburt haben vergessen, daß die Männer, welche auf den Trümmern des Sturmjahres 1848 den Bau der neuen Rechtsordnung in Deutschland begründet, die Segnungen des alten Staatskirchenthums vollauf miterlebt hatten, auf dem evangelischen Gebiete die unseligen Erscheinungen im Unions- und Agendenstreite und in den Dissidentengemeinden, — auf dem katholischen Kirchengebiete neben der Partheinahme für den Hermesianismus die ohnmächtigen Versuche zur Erzwingung kirchlicher Ehesegnungen, während die unbestrittene passive Assistenz auch kirchlich die Eheschließung begründete, — ja den versuchten Staatszwang auch da, wo die Civilehe längst eingeführt war! Jene alte Saat des Streites wurde damals mit Zustimmung aller Regierungen und unter dem Jubelrufe des ganzen Deutschen Volkes von dessen eminent urtheilsfähigen, weil zwischen zwei Zeitepochen gestellten Vertretern mit kräftiger Hand untergepflügt, damit sie die neue Saat der Freiheit befruchte. Der modernste Liberalismus, der sich augenblicklich in der Machtgunst sonnt, wird, falls er nicht dem marasmus senilis bereits verfallen ist, wohlthun, der Principien seiner ernsten Begründer, welche die Freiheit für Alle forderten, sich wieder bewußt zu werden, wenn er bei seinem möglichen Verschwinden von der öffentlichen Bühne die Fahnenehre gerettet haben will. Er wird sein eigenes Programm, welches auf volle Trennung von Staat und Kirche lautete, nicht in sein direktes Gegentheil umwandeln können, ohne sich selber zu verurtheilen.

IV.

Nur ein Thor mag erwarten, daß die Formulirung eines Verfassungsgesetzes, wie des Art. 15, die Möglichkeit jedes künftigen Streites ausschließe; das vermag auch auf anderen Rechtsgebieten kein Gesetzesparagraph. Auf dem kirchlich=politischen Gebiete aber tritt jene Möglichkeit in doppeltem Maße hervor, weil es Grenzgebiete giebt, auf welcher beide Gewalten sich begegnen, und weil über denselben ein gemeinsamer höherer Richter nicht anerkannt wird. Konflikte können daher immerhin eintreten, allein der Staat, als Träger der öffentlichen Gewalt, hat dabei am wenigsten zu befahren, wenn er nicht durch flagrante Verletzung des kirchlichen Gebietes das öffentliche Gewissen herausfordert.

In Preußen ist übrigens, wie oben bemerkt, während des 25 jährigen Bestandes der betr. Verfassungsartikel kein solcher Konfliksfall hervorgetreten. Diese hochwichtige und hocherfreuliche Thatsache hat indessen nicht gehindert, das bestehende Verfassungssystem von Grund aus umzustürzen und Zustände herbeizuführen, wie sie oben nur angedeutet worden sind.

Die Freunde der Regierungs=Politik lehnen die Verantwortlichkeit für diese, auch in ihren Augen beklagenswerthen Zustände mit der Erklärung ab, daß von Sperrungen und Einsperrungen, Pfarrverwaisungen und Bischofsabsetzungen, Internirungen und Expatriirungen keine Rede gewesen sein würde, wenn die Preußischen Bischöfe nur die Freundlichkeit gehabt hätten, den Maigesetzen gegenüber eben dieselbe Stellung einzuhalten, wie es bei dem katholischen Kirchenvermögens-Verwaltungsgesetze vom 20. Juni 1875 geschehen sei.

Etwas Wahres ist ja an dieser Behauptung, nämlich das, daß jene äußern Schäden vielleicht vermieden worden wären, wenn die Preußischen Bischöfe ruhig durch das Kaudinische Joch der Maigesetze in die zu gründende Staatskirche eingezogen wären. Man hätte alsdann vielleicht eher an die endliche Erfüllung der Verpflichtung zur Dotirung der Bischöfe in Staatsforsten, als an Dotationssperrungen gedacht.

Allein man übersieht Eines, was freilich heute, wo der Materialismus alles geistige Leben zu überwuchern droht, recht oft übersehen wird.

Bei dem Proteste der Bischöfe gegen das kirchliche Vermögens-Verwaltungsgesetz hatte es sich zunächst um die Wahrung eines äußern materiellen Rechtes gehandelt, dessen Achtung oder Nichtachtung dem formellen Gesetzgebungsgebiet des Staates anheimfällt. Es kann hier Unrecht geschehen, aber die Zuständigkeit des Staates kann nicht bestritten werden, und derjenige, der sich dadurch verletzt fühlt, ist nicht verpflichtet, durch Verweigerung seiner Mitwirkung das Uebel noch zu vermehren. Von dieser ganz richtigen Anschauung geleitet, haben die Bischöfe zwar gegen das Vermögens-Verwaltungsgesetz wegen Rechtsverletzung protestirt, jedoch in keiner Weise zum Voraus ihre Mitwirkung zu dessen Ausführung für unmöglich erklärt, auch schließlich jene Mitwirkung eintreten lassen. Ganz anders steht es dagegen bei den Maigesetzen. In diesen hat der Staat ein Gebiet betreten, welches seiner Rechtssphäre entrückt ist, und welches von dem denkbar stärksten, mit Blut und Eisen nicht zu durchbrechenden Walle, — dem des Gewissens und der Christenpflicht umhegt wird. Diese Maigesetze stehen, trotz des von akatholischer Seite erhobenen Widerspruches, fast in jeder ihrer Bestimmungen in offenem Gegensatze zu dem Dogma und dem Kultus der katholischen Kirche, sowie zu deren Verfassung, welche Letztere in ihren wesentlichen Grundlagen nach dem Zeugnisse des Preußischen Commissionsberichtes selber Gegenstand der Glaubenslehre ist und bleiben muß, so lange eine katholische Kirche bestehen soll. Ja, in dem Commissionsberichte (Stenogr. Ber. S. 787) ist ausdrücklich ausgesprochen, der neue Staatsgerichtshof für Kirchensachen könne auch nicht vor dem Dogma stehen bleiben, wenn dies in Widerspruch mit staatlichen Geboten oder Verboten trete.

Es mag dieser Gegensatz theilweise ohne Wissen und Wollen der Urheber der Maigesetze bestehen, allein die Verantwortlichkeit dafür trifft immerhin in vollem Maaße die Königliche Staatsregierung, indem sie selber sich durch die unmittelbar vorhergegangene Aufhebung der katholischen Abtheilung im Kultus-Ministerium in die Unmöglichkeit versetzt hat, auch nur katholischen Rath zu hören, — ein anderes Recht hat ja ohnehin jene Abtheilung niemals gehabt. Die Folgen dieses Nichthörenwollens sind denn auch nicht ausgeblieben; die ohne zureichendes Verständniß katholischer Angelegenheiten einseitig unternommene Lösung der schwierigsten kirchlichen Materien hat nicht allein auf jedem Schritte Fehler und Lücken veranlaßt, die nothdürftig abgestellt werden mußten, sondern sie hat auch sachlich zu dem direkten Gegentheile von dem geführt, was man erstrebte. Man wollte die engste Verquickung der katholischen Kirchenregierung mit der des Staates unter dessen Oberleitung, um alle kirchlichen Interessen dem letztern dienstbar zu machen, und man hat statt dessen die absolute Trennung von Staat und Kirche herbeigeführt, freilich unter Rechtloserklärung der letztern, indem man ihr zwar alle Vortheile einer höchst privilegirten Korporation entzog, nicht aber das gemeine Recht jeder Gesellschaft, jedes Vereines zuwies. Man hat damit allerdings die Kirche in allen äußeren Erscheinungsformen auf's schwerste beschädigt, allein deren innere Lebenskraft erst recht wach gerufen und aller Welt kund gemacht. Man hat die denkbar engste Einigung zwischen Laien und Klerus geschaffen und das katholische Lebensbewußtsein, das man dem Staate dienstbar machen wollte, in den schneidensten Gegensatz zu demselben gebracht. Man hat in dem jüngsten Kirchenvermögens-Verwaltungsgesetze das Laieninteresse gegen den Episkopat in das Feld führen wollen, und man hat ein katholisches Plebiszit für den Episkopat zu Stande gebracht, wie es nicht eklatanter gedacht werden kann.

Man wird sich fragen, wie es denn möglich gewesen, daß überall das Gegentheil von dem, was erstrebt war, erzielt worden ist, — und die Antwort auf diese Frage liegt klar auf der Hand. Die Preußische Staatsregierung hat sich dem verhängnißvollen Irrthume hingegeben, die katholische Kirche in Preußen sei eine geist- und leblose Mumie, das katholische Gewissen ihrer Obern werde vielleicht hier und da gegen die verletzendsten Einwirkungen des Staates reagiren, Bischöfe und Priester würden sich sperren, allein zum Einsperren und zur Tragung jeden Ungemachs um des Gewissens willen würden sie es nicht kommen lassen. Es hat sich aber auch hier erwiesen, daß eine gute Politik nur die ist, die von der Achtung der Menschen- und Christenwürde ihren Ausgang nimmt.

Es ist oben gesagt worden, die Preußischen Bischöfe hätten gegen die Einbringung des Gesetzentwurfes über die Vermögensverwaltung in den katholischen Kirchengemeinden einen Protest wegen Verletzung der Rechte der katholischen Kirche und der Bischöfe eingelegt, jedoch nicht, wie gegenüber den Maigesetzen von 1873, zum Voraus ihre Mitwirkung bei Ausführung des betreffenden Gesetzes für unmöglich erklärt, jene Mitwirkung auch späterhin geleistet. Die Gründe dieser verschiedenen Behandlung der betreffenden Gesetze Seitens der Bischöfe sind ebenwohl bereits gegenüber der irrthümlichen Auffassung der Tagespresse erörtert worden, und es erübrigt nur, die innere Berechtigung jenes Protestes darzulegen und zu zeigen, daß jenes Gesetz das wirkliche Recht der katholischen Kirche

insofern verletzt, als die Bildung kirchlicher Vermögens=Verwaltungs=
Organe nicht zur Zuständigkeit der Staatsgesetzgebung gehört und
längst in berechtigter Weise durch die Bischöfe selbst unter voller
Zustimmung aller früheren Ministerien erfolgt war.

Der Art. 15 der Verfassungs=Urkunde hatte unter den Grund=
rechten der Preußen den Satz aufgenommen: „Die evangelische
und die römisch=katholische Kirche, sowie jede andere Religions=
gesellschaft ordnet und verwaltet ihre Angelegenheiten selbständig."
Bei der Revision der Verfassungs=Urkunde im Jahre 1850 war
diese Bestimmung angefochten und deren Abänderung dahin bean=
tragt worden, daß die Kirchen zwar ihre inneren Angelegenheiten
selbständig, die äußeren dagegen unter gesetzlich geordneter Mit=
wirkung des Staates zu besorgen haben sollten. Dieser Antrag
wurde aber abgelehnt, mithin die volle Autonomie der Kirchen
in allen ihren Angelegenheiten, und zwar unter Zustimmung der
Staatsregierung festgestellt.

Mit der Abänderung und schließlichen Aufhebung dieses Ver=
fassungs=Artikels durch die Gesetze vom 5. April 1873 und
18. Juni 1875 ist zwar die verfassungsmäßige Garantie jenes
Prinzips, nicht aber seine innere, materielle Berechtigung beseitigt
worden. Die Kirchen haben, wie alle anderen Gesellschaften, das
natürliche Recht der Selbstverwaltung; im Kirchenrechte von
v. Schulte (1860) ist desfalls gesagt: „Prinzipiell ist die Verwal=
tung des Kirchengutes schon aus allgemeinen Sätzen des Privat=
rechts Sache der Kirche als Eigenthümerin. Ihre Gesetze haben
die Formen der Verwaltung, wie die Art der Verwendung zu
bestimmen. Sie bedarf keines Kurators und hat ihre Fähigkeit
zur eigenen Verwaltung zur Genüge bewährt, vor Allem besser,
als der Staat."

Dies Rechtsprinzip und die bisherige Staatspraxis hat unter
den Einwirkungen des „Kulturkampfes" die dermalige Staats=
regierung nicht abgehalten, diese wichtige Kirchenangelegenheit vor

ihr ausschließliches Forum zu ziehen und durch ein Staatsgesetz festzustellen.

In diesem Gesetze wird die gesammte Organisation der katholischen Kirchenvermögens-Verwaltung reglementirt, die Bildung von Kirchenvorständen und Gemeindevertretungen angeordnet und das entsprechende active und passive Wahlrecht normirt, ohne daß die Zustimmung oder auch nur der Beirath der Bischöfe für erforderlich erachtet worden wäre.

Der grundsätzliche Nachweis der staatlichen Nichtberechtigung zu diesem Vorgehen braucht vorliegend gar nicht selbständig geführt zu werden, indem die Preußische Staatsregierung selber denselben bereits im vorhergegangenen Jahre theoretisch und praktisch erbracht hat.

Im Jahre 1873 war von Seiten des evangelischen Kirchenregiments den hierzu gewählten kirchlichen Vertretungen der Entwurf einer evangelischen Kirchengemeinde- und Synodalordnung, welche unter Anderem auch die Vermögensverwaltung in den evangelischen Kirchengemeinden regelte, zur Berathung vorgelegt worden, und diese evangelische Kirchengemeinde- und Synodalordnung ist demnächst durch einen Erlaß des evangelischen Landesbischofs, des Königs, als Gesetz der evangelischen Landeskirche mit der folgenden Einschränkung verkündet worden: „Mit der Ausführung der Kirchengemeinde- und Synodalordnung ist, soweit letztere nicht zu ihrer Regelung vorab noch einer Mitwirkung der Landesgesetzgebung, wie insbesondere hinsichts der Vermögensverwaltung der Gemeinden und der Betheiligung des Patronats bei derselben bedarf, unverzüglich vorzugehen." In dem desfalls dem Landtage vorgelegten Gesetzentwurfe wurde nun lediglich die staatsgesetzliche Anerkennung der Rechtspersönlichkeit für die neu geschaffenen Körperschaften nachgesucht, indem die Staatsregierung erklärte, daß die durch die Kirchenordnung geschaffenen neuen

Kirchenorgane als solche, ihre Wahl und ihr Verhältniß zu einander u. s. w. jeder Einwirkung des Landtags entzogen sei. Es wurde förmlich ausgesprochen, „die Staatsregierung halte es nicht für zulässig, daß die gesetzgebenden Faktoren die evangelische Kirchengemeinde- und Synodalordnung selbst änderten, wohl aber seien sie, rein rechtlich betrachtet, befugt, die nachgesuchte gesetzliche Sanktionirung zu verweigern oder an bestimmte Bedingungen zu knüpfen." Dies war der völlig korrekte Standpunkt für die Beurtheilung des Verhältnisses zwischen Staat und Kirche auf diesem wichtigen kirchlichen Gebiete. Die Kirche allein hat ihre desfallsigen Organe zu schaffen, deren Wahl zu bestimmen und sie mit den erforderlichen Garantieen zu umgeben, — der Staatsgesetzgebung bleibt nur die Entschließung darüber vorbehalten, ob sie den kraft der kirchlichen Autonomie geschaffenen Organen die Anerkennung der juristischen Persönlichkeit zur Vertretung der Vermögensinteressen gewähren oder versagen wolle. Dieser Standpunkt wurde denn auch im Jahre 1874 in Betreff der evangelischen Kirche vom Landtage gebilligt, allein schon im folgenden Jahre der katholischen Kirche gegenüber sowohl von der Regierung, als dem Landtage ungeachtet des erhobenen Widerspruches wieder umgeworfen und in sein direktes Gegentheil verwandelt. Man hat dem katholischen Episkopate, welcher kraft der festen hierarchischen Ordnung der katholischen Kirche das Kirchenregiment viel unzweifelhafter repräsentirt, als der evangelische Summepiskopat, dasselbe Recht verweigert, welches man dem letzteren zuerkannte. Man hat zwar versucht, diese entgegengesetzte Behandlung derselben Materie durch die Bemerkung zu rechtfertigen, daß die evangelische Kirchengemeinde-Ordnung neben der Vermögens-Verwaltung auch die inneren kirchlichen Angelegenheiten zum Gegenstande habe; allein einestheils ist dies letztere, wenngleich in minderem Maße, auch bei dem katholischen Kirchenvermögensgesetze

nach § 57 der Fall, und anderntheils hat die Staatsregie=
rung im Jahre 1874 eine jede Aenderung der vom evange=
lischen Kirchenregiment ausgegangenen Organisation für unzu=
lässig erklärt, obgleich dieselbe auch die Vermögensverwaltung
betraf.

Indem man so von Staatswegen der katholischen Kirche eine
ultra=demokratische Gemeindeorganisation auferlegte, ist man dabei
noch viel weiter gegangen, als in der evangelischen Gemeindeord=
nung. Nach dieser letzteren tritt nach §. 34 die Wahlberechtigung
erst mit dem vollendeten 24. Lebensjahre ein; vom Wahlrechte ist
ausgeschlossen, wer „durch Verachtung des göttlichen Wortes oder
unehrbaren Lebenswandel ein öffentliches, noch nicht durch nach=
haltige Besserung gesühntes Aergerniß gegeben hat, oder wegen Ver=
letzung besonderer kirchlicher Pflichten noch Vorschrift eines Kirchen=
gesetzes des Wahlrechts verlustig erklärt ist." Der §. 35 bestimmt
weiter: „Wählbar in die Gemeindevertretung sind alle Wahlbe=
rechtigten, sofern sie nicht durch beharrliche Fernhaltung vom öffent=
lichen Gottesdienste und von der Theilnahme an den Sakramenten
ihre kirchliche Gemeinschaft zu bethätigen aufgehört haben." Alle
diese heilsamen, ja unerläßlichen Garantieen sind in dem, ein Jahr
später von Staatswegen verhängten katholischen Vermögens=Ver=
waltungsgesetze kassirt, und das erforderliche Alter der Wähler ist
auf 21 Jahre herabgesetzt worden!

Dies entgegengesetzte Vorgehen der Preußischen Staatsregie=
rung sowohl in formeller als in materieller Hinsicht beweist, daß
einmal wenigstens Unrecht geschehen; — wo und wann, mag der
Beurtheilung anheimgestellt bleiben.

Es dürfte auch keine allzugewagte Annahme sein, daß dies
katholische Kirchenvermögensgesetz durch die Absicht diktirt worden
ist, die Laienbevölkerung in einen Gegensatz zum Klerus und zum
Episkopate zu bringen und so dem „Kulturkampfe" selbst eine

bessere Wendung zu geben. War dies aber wirklich die Absicht, so ist sie wiederum durch den grade entgegengesetzten Erfolg empfindlich bestraft worden. Denn die stattgehabten Wahlen haben im ganzen Lande die entschiedenste katholische Gesinnung des Volkes offenbar gemacht.

„Gouverner c'est prévoir."

V.

Eine charakteristische Episode im „Kulturkampfe" bildet die Stellung, welche die Preußische Staatsregierung dem s. g. Altkatholizismus gegenüber eingenommen hat und einnimmt. Der Preußische Kultusminister hat im Januar 1874 erklärt, es sei in der „altkatholischen" Bewegung ein Moment enthalten, welches mit den Intentionen der Staatsregierung übereinstimme, — das sei der Kampf gegen Rom. Wenn dieser Ausspruch seinem Wortsinne nach aufgefaßt werden soll, dann bedarf es gar keines weiteren Beweises dafür, daß der „Kulturkampf" selber keinen politischen, sondern einen wirklich konfessionellen Charakter hat und die Vernichtung des Katholizismus im Staate Preußen erstrebt. Denn Rom, d. h. doch wohl hier der römische Stuhl, ist eben der Lebensmittelpunkt der ganzen katholischen Kirche und in ihm wird die letztere selbst unmittelbar in ihrer Existenzbedingung bekämpft.

Allein jener Ausspruch läßt vielleicht auch die mildere Deutung zu, daß der Kampf nicht gegen die Existenz, sondern nur gegen vermeintliche Attentate Roms gerichtet sei, wie sie oben erörtert und widerlegt worden sind.

Gleichwohl ist es nicht zu verkennen, daß die Stellung, welche die Staatsregierung zur Förderung dieses „Altkatholizismus" eingenommen hat, die thatsächliche Negation der katholischen Kirche selber in sich schließt.

Die „Altkatholiken" haben damit begonnen, die durch das Vatikanische Konzil festgestellte Glaubensentscheidung hinsichtlich der lehramtlichen Unfehlbarkeit des römischen Stuhles zu verwerfen.

Sie haben aber damit nicht blos das betreffende Dogma, sondern sie haben zugleich den obersten Fundamentalsatz der katholischen Kirche verworfen, daß die im Konzil vereinigte Kirche bei Feststellung des Glaubensinhaltes durch die Leitung des heiligen Geistes gegen Irrthum gesichert sei. Mit diesem durch alle Jahrhunderte festgehaltenen Satze aber steht und fällt die Einheit und Reinheit der katholischen Glaubenslehre. Der Inhalt und Sinn derselben lebt eben im Bewußtsein der Gesammtkirche; er wird je nach dem Maße hervortretender Zweifel und Streitigkeiten im Laufe der Zeiten auch durch neue Definitionen fixirt, wie dies der bloße Name des Apostolischen, Nizänischen, Athanasianischen, Tridentinischen Glaubensbekenntnisses besagt. Wer diesen Fundamentalsatz der Einheit und Reinheit der katholischen Kirchenlehre verwirft, ist aus der katholischen Kirchengemeinschaft ausgeschieden, indem er sich auf den Boden der individuellen Glaubenswürdigung stellt, wie ihn der Protestantismus eingenommen hat. Auf eben diesen Boden haben sich auch die „Altkatholiken" durch Leugnung des ältesten katholischen Glaubenssatzes von der lehramtlichen Unfehlbarkeit des Konzils gestellt.

Zur Kolorirung dieses Abfalls ist behauptet worden, das Vatikanische Konzil sei kein ökumenisches und kein freies gewesen, allein diese Behauptung bedarf hier keiner weiteren Erörterung, nachdem sie selbst von protestantischen Autoritäten (auch von Hinschius) längst widerlegt ist, und nachdem alle katholischen Bischöfe des Erdkreises ohne eine Ausnahme es anerkannt haben. Auf dem Konzile selbst hat zwar eine erhebliche Minorität von über 100 Bischöfen die Opportunität der Definition, dagegen nur eine minimale, die moralische Einstimmigkeit nicht aufhebende Minderheit das Princip selber bestritten.

Allein die „Altkatholiken" sind seitdem kraft des von ihnen

eingenommenen individualistischen Standpunktes in Glaubenssachen weiter gegangen; sie haben die Tridentinischen Glaubenssätze über Beichte, Abendmahl u. s. w. vielfach durchbrochen und wie die heutigen Reformprotestanten erklärt, auf die christliche Urzeit zurückzugreifen. Sie haben sich endlich auch äußerlich vom römischen Stuhle durch Aufstellung eines selbst gewählten Bischofs mit eigenen Pfarrern und selbstständigem Kultus losgesagt und nicht einmal Bestätigung in Rom nachgesucht.

Gegenüber allen diesen Thatsachen behauptet der Preußische Kultusminister gleichwohl, er müsse die „Altkatholiken" nach wie vor als Mitglieder der katholischen Kirche ansehen, so lange sie nicht selber ihren Austritt aus derselben erklärten; — „die Staatsregierung sehe zwei durch einen (?) dogmatischen Streitpunkt geschiedene Parteien im Kampfe vor sich; zwischen ihnen entscheiden könne der Staat nicht, es bleibe ihm demnach nur übrig, vorläufig beide als innerhalb der katholischen Kirche stehend zu betrachten."

In dieser Argumentation ist nur das Eine richtig, daß der Staat nicht über die Rechtgläubigkeit und die Zugehörigkeit zur katholischen Kirche entscheiden kann, — allein nicht minder gewiß ist es schon kraft des einfachen gesellschaftlichen Charakters jeder Kirche, daß ein Organ zur Entscheidung dieser Frage da sein muß, und daß dies Organ innerhalb der katholischen Kirche der Episkopat und der Papst ist. Das Recht der Ausschließung aus der Kirchengesellschaft erkennt auch das im „Kulturkampfe" selbst ergangene Preußische Gesetz vom 13. Mai 1873 im §. 1 ausdrücklich an, und von diesem Rechte hat die katholische Kirche gegenüber den „Altkatholiken" theils durch allgemeine Ausschließungs-Erklärungen, theils durch persönliche Excommunicationen Gebrauch gemacht. Die Staatsregierung muß also wissen und anerkennen, daß nach dem Gesellschaftsrechte der im Staate förmlich aufgenommenen römisch-katholischen Kirche die „Altkatholiken" aus derselben um

so gewisser ausgeschlossen sind, als die Preußische Verfassungs=
Urkunde selber im Art. 15 nur eine „römisch=katholische Kirche"
kennt und nennt. Sie braucht sich zu dem Ende auch nur die
Begriffsbestimmung dieser staatsrechtlich anerkannten Kirche zu
vergegenwärtigen, um volle Klarheit zu gewinnen. In dem
Kirchenrecht von Richter=Dove 1871 wird dieselbe im §. 90
folgendermaßen definirt: „Die katholische Kirche ist die Gesammt=
heit derjenigen Individuen, welche durch das Bekenntniß dessel=
ben christlichen Glaubens und durch die Gemeinschaft der=
selben Sacramente unter dem Regimente ihrer gesetzmäßigen
Oberhirten und besonders des römischen Papstes verbun=
den sind."

Ein jedes dieser Kriterien schließt die „Altkatholiken" von der
katholischen Kirchengemeinschaft aus, wie dies auch Hinschius:
„Ueber die Stellung der Deutschen Regierungen gegenüber den
Beschlüssen des Vatikanischen Konzils" S. 85 anerkennt.

Jene „Altkatholiken" können hiernach nicht, wie geschehen, als
Mitglieder der in Preußen anerkannten katholischen Kirche an=
gesehen werden, — wenn sie aber nichts destoweniger es sein
sollten, dann könnten sie nach klaren Rechtsgrundsätzen einen Mit=
gebrauch am katholischen Kirchengute doch nur nach Maßgabe der
katholischen Gesellschaftsordnung selber ausüben, mithin einen An=
spruch auf gesonderte Benutzung oder Theilung nicht erheben.
Sind sie dagegen, wie es bis zur Evidenz erhellt, nicht mehr
Mitglieder dieser katholischen Kirche, so haben sie gar keinen An=
spruch an deren Besitzthum.

Das Königliche Patent vom 30. März 1847 bestimmt nämlich,
daß „Diejenigen, welche in ihrem Gewissen mit dem Glauben
und Bekenntniß ihrer Kirche nicht in Uebereinstimmung zu
bleiben vermögen und sich demzufolge zu einer selbstständigen
Religionsgesellschaft vereinigen" (was vorliegend durch Auf=
stellung eines selbstständigen Bischofs mit Pfarrern auf dem von

der katholischen Kirche besetzten Territorium geschehen), „einen Antheil an den verfassungsmäßigen Rechten der Kirche, aus welcher sie ausgetreten sind, **nicht mehr in Anspruch neh= men können.**" Gleichwohl hat die Preußische Staatsregierung einem aus der Kammer-Initiative hervorgegangenen Gesetzentwurfe (4. Juli 1875) ihre Zustimmung gegeben, wonach in denjenigen katholischen Kirchengemeinden, aus welchen eine erhebliche (?) An= zahl von Gemeindemitgliedern einer altkatholischen Gemeinschaft beigetreten ist, die Benutzung des kirchlichen Vermögens, ins= besondere der Mitgebrauch der Kirche, im Verwaltungswege ge= ordnet werden soll. Ueber die „Erheblichkeit" der Anzahl, sowie über die Art und den Umfang der den altkatholischen Gemein= schaften einzuräumenden Rechte entscheidet der Oberpräsident unter dem Rekurs an den Kultusminister.

Dieser den „Altkatholiken" zu beschaffende Mitgebrauch der katholischen Kirchen ist, was Seitens der Staatsregierung nicht ignorirt werden kann und darf, thatsächlich gleichbedeutend mit der Ausweisung der Katholiken aus denselben, weil hier kraft des sakrilegischen Charakters jenes Kultus ein Simultaneum aus= geschlossen ist. Charakteristisch ist noch die weitere Bestimmung des §. 3 dieses Gesetzes, welcher besagt: „Tritt ein Pfarrinhaber der altkatholischen Gemeinschaft bei, so bleibt er im Besitz und Genuß der Pfründe." Von dem Rechte und Interesse der Pfarr= gemeinde, welches bei dem Gesetze über die Vermögensverwaltung in den katholischen Kirchengemeinden vom 20. Juni 1875 so sehr betont worden ist, findet sich hier gegenüber der einen Person des Pfarrers keine Spur, ebenso wenig von einem Reziprozitäts= Verhältnisse, wenn ein altkatholischer Pfarrer zur katholischen Kirche zurückkehrt. Es kann nicht nöthig sein, den innern und recht= lichen Werth dieses Gesetzes näher zu erörtern; nur der „Kultur= kampf" vermag es, seine Existenz zu erklären.

Um so interessanter wird es aber sein, zu erfahren, ob künftig=

hin die Preußische Staats-Regierung das hier zur Geltung gebrachte f. g. Theilungssystem auch auf etwaige Spaltungen innerhalb der evangelischen Kirche anwenden wird.

Wenn endlich nach Maßgabe der oben angeführten Worte des Kultusministers die Haltung der Staats-Regierung gegenüber dem „Altkatholizismus" durch die Hoffnung diktirt worden ist, denselben als Waffe gegen Rom oder als Auflösungselement der katholischen Kirche in Preußen verwerthen zu können, dann dürfte doch diese Hoffnung längst geschwunden sein.

VI.

Der fundamentale Fehler der neuen Preußischen Staatskirchen=
gesetzgebung ist, wie gesagt, der, daß dieselbe sich nach allen Seiten
hin mit der Glaubenslehre, der Disziplin und der Verfassung der
katholischen Kirche in Gegensatz gestellt hat. Es wird dies ja seit
dem Hervortreten ernsten Widerstandes und der daraus erwachsenen
Gefahren von den Gegnern hin und wieder bestritten, obgleich es
bei Berathung der Maigesetze nach den oben mitgetheilten Zeug=
nissen wenigstens theilweise offiziell anerkannt worden ist. Allein
man vergesse doch vor Allem nicht, daß es sich bei dieser Frage
nur um das katholische, nicht um irgend ein anderes Gewissen
handelt, und daß dies katholische Gewissen sich klar und ver=
nehmlich genug verlautbart hat, — daß endlich die Staatspolitik
nur mit den Thatsachen zu rechnen hat, wie sie sind, nicht wie
sie sein könnten oder nach ihren Wünschen sein sollten.

Man vergesse weiterhin nicht, daß die Preußischen Bischöfe,
Männer von gereiften Jahren und gereifter Einsicht, von Würde
und Glanz umgeben, unmöglich aus nacktem Muthwillen durch
ihre Renitenz gegen die Maigesetze Alles das gegen ihre Person
und ihre Kirche heraufbeschwören konnten, was oben nur ange=
deutet worden ist. Es müssen doch zu jener Renitenz zwingende
Gründe vorgelegen haben, und die katholischen Bischöfe, d. h. die
kompetenten Erklärer und Wächter der katholischen Glaubenslehre
haben diese Gründe sofort nach Einbringung der Maigesetzent=
würfe in förmlichster Weise zur Kenntniß der Staatsregierung
und des Landtags gelangen lassen.

Die Denkschrift derselben vom 30. Januar 1873 muß hier ihre Stelle finden, weil sie die Unverträglichkeit jener Gesetze mit der Glaubenslehre, der Verfassung und der Disciplin der katholischen Kirche in autoritativer Weise dargelegt und die Unmöglichkeit einer Mitwirkung der Bischöfe zu deren Ausführung festgestellt, hiermit aber zum Voraus die Konsequenzen eines weiteren Vorgehens der Regierung im sog. Kulturkampf vorgezeichnet hat.

Diese Denkschrift lautet:

„Vor einigen Tagen hat das Königliche Ministerium dem Landtage Entwürfe zu Gesetzen vorgelegt, welche in das innere Leben der katholischen Kirche und in ihre Rechtssphäre auf das Tiefste eingreifen, und der Landtag ist aufgefordert, diesen Entwürfen möglichst bald seine Zustimmung zu ertheilen.

Abgesehen davon, daß nach natürlichem und positivem Rechte und nach unvordenklicher Uebung in deutschen Landen die Verhältnisse zwischen Staat und Kirche nur durch beiderseitiges Uebereinkommen rechtmäßig und für beide Theile ersprießlich geordnet werden können, hätten die preußischen Bischöfe zum mindesten erwarten müssen, daß ihnen Gelegenheit geboten würde, über so wichtige, die katholische Kirche betreffende Gesetzentwürfe sich auszusprechen und die katholischen Grundsätze geltend zu machen.

Sie würden dann in der Lage gewesen sein, einzelne Bestimmungen der in Rede stehenden Gesetzentwürfe ohne Pflichtverletzung zu acceptiren; für einige andere würde vielleicht eine Vereinbarung mit dem Apostolischem Stuhle zu erreichen gewesen sein. Da nunmehr aber die Gesetzvorlagen, obgleich sie in das innerste Leben der Kirche einschneiden, von der Königlichen Staatsregierung kraft der von derselben in Anspruch genommenen Machtvollkommenheit einseitig und ohne alle vorgängige Verständigung und Verhandlung mit den berechtigten kirchlichen Organen erlassen worden sind, so bleibt für diese nichts übrig, als von vornherein gegen alle, die natürlichen und wohlerworbenen Rechte der katholischen Kirche und die Gewissens- und Religions-Freiheiten der Katholiken verletzende Bestimmungen dieser Entwürfe und der etwa auf Grund derselben erlassenen Gesetze förmliche und feierliche Verwahrung einzulegen.

Wir erlauben uns über einige Punkte folgende Bemerkungen beizufügen, die aber bei der gebotenen Eile den Gegenstand keineswegs erschöpfen, weßhalb wir uns weitere Rechtsanführungen und Begründungen vorbehalten.

Nach der katholischen Glaubenslehre, die wir Katholiken als auf göttlicher Offenbarung beruhend unbedingt für wahr halten und so gewiß zu glauben berechtigt sind, als unsere Gewissensfreiheit nicht angetastet werden darf; —

Nach dem natürlichen Rechte, der Natur der Dinge und den Gesetzen der Vernunft; —

Nach dem historischen und wohlerworbenen Rechte der katholischen Landestheile der Monarchie, welche nicht rechtlos, sondern mit dem durch feierliches Königswort gewährleisteten Rechte vollen und ungeschmälerten Fortbestandes ihrer Religion und Kirche dem Königreiche von Preußen einverleibt wurden; —

Nach den zwischen dem Apostolischen Stuhle und der Krone Preußen resp. den andern betreffenden Landestheilen getroffenen Vereinbarungen und den darauf beruhenden Circumscriptions-Bullen; —

Endlich nach den dieses Recht der katholischen Kirche, wie den andern großen christlichen Konfessionen gewährleistenden Bestimmungen der preußischen Verfassung, —

Besitzt die katholische Kirche in Preußen das unantastbare und unveräußerliche Recht, in der ganzen Integrität ihrer Glaubens- und Sittenlehre, ihrer Verfassung und Disciplin zu bestehen, und ihre Angelegenheiten durch ihre rechtmäßigen Organe zu ordnen und zu verwalten.

Das allererste und allerwesentlichste Recht eines jeden katholischen Bisthums und eines jeden Katholiken ist aber das Recht, eben der Einen katholischen Kirche, deren Oberhaupt der Papst ist, als Glied anzugehören, und daher mit dem Papste, der nach katholischer Glaubenslehre kraft göttlicher Einsetzung das Fundament und der oberste Hirte der ganzen katholischen Kirche und aller Theile derselben ist, in der Einheit des Glaubens und ungehemmter Lebensverbindung zu stehen und zu bleiben.

Das zweite, nicht minder wesentliche Recht eines jeden katholischen Bisthums und eines jeden Katholiken besteht darin, in religiösen und kirchlichen Dingen von Niemand Anderm als den zuständigen, rechtmäßigen kirchlichen Obern, den Bischöfen, in der gesetzlichen Unterordnung unter dem Papst, regirt und geleitet zu werden, da dieselben nach unserm katholischen Glauben von Gott gesetzt sind, die ihnen anvertrauten Diöcesen nach den Vorschriften Christi und den Gesetzen der katholischen Kirche zu verwalten.

Demgemäß hat der Bischof seiner Diöcese gegenüber hauptsächlich eine dreifache von Gott selbst ihm auferlegte Pflicht, der das ebenso wesentliche, göttlich verliehene Recht entspricht, diese Pflicht frei und ungehemmt zu üben.

Es ist erstens die Pflicht und das Recht, die Glaubens- und Sittenlehre der katholischen Kirche zu verkündigen und zu bewahren und deren Gnadenmittel zu verwalten.

Es ist zweitens die Pflicht und das Recht, die Priester und niedern Kirchendiener, welche ihn in seinem apostolischen Amte als seine Gehülfen und Stellvertreter unterstützen, nach Vorschrift der Kirchengesetze auszuwählen, zu erziehen, zu senden und ihnen kirchliche Aemter zu übertragen.

Es ist drittens die Pflicht und das Recht, die Geistlichen zur Erfüllung ihrer Christenpflichten zu ermahnen und anzuhalten, und sie, wenn sie den Lehren der Kirche den Glauben und den Gesetzen derselben den Gehorsam hartnäckig verweigern, von der Kirchengemeinschaft auszuschließen und, wenn es Geistliche sind, ihres geistlichen Amtes zu entsetzen und ihnen alle priesterlichen Verrichtungen zu untersagen.

Diese drei Pflichten sind unauflöslich verbunden, so daß keine derselben ohne die andern bestehen kann.

Der Bischof kann die katholische Glaubens- und Sittenlehre nicht rein bewahren und verkünden, er kann die Gnadenmittel Christi nicht recht und würdig verwalten und den Gläubigen spenden, wenn er nicht die Geistlichen, die in seinem Auftrage beides thun, erziehen, beaufsichtigen, senden und nach ihrer Würdigkeit und Fähigkeit anstellen kann. Und er vermag beides nicht, am allerwenigsten vermag er die katholische Religion vor Verfälschung zu schützen und die Verfassung der Kirche vor Zerstörung zu bewahren, wenn er nicht häretisch oder schismatisch gewordene oder sonst unwürdige Geistliche von ihrem geistlichen Amte entfernen, und beharrliche Leugner des kirchlichen Glaubens und Verletzer und Gegner der Verfassung und der Gesetze der Kirche von deren Gemeinschaft ausschließen kann.

Die vorgelegten Gesetz-Entwürfe verletzen und vernichten nun diese wesentlichsten Rechte der katholischen Kirche und ihrer Bischöfe, Rechte, ohne welche sie ihre wesentlichsten Pflichten zu üben außer Stande sind, in mehrfacher Beziehung.

Der Gesetz-Entwurf über die Vorbildung und Anstellung der Geistlichen erkennt zwar, wie es scheint, das Recht der Bischöfe an, die geistlichen Aemter zu besetzen, allein er beschränkt die Freiheit dieser Besetzung vor allem dadurch, daß für den Staat das Recht in Anspruch genommen wird, gegen eine Anstellung nicht blos Einsprache zu erheben, sondern auch selbst in letzter Instanz über die Begründetheit des Einspruches zu entscheiden. Zwar wird diese Exclusive dadurch beschränkt, daß sie nur aus bürgerlichen und staatsbürgerlichen Gründen erhoben werden kann. Allein wir können uns nicht verhehlen, daß unter Umständen unter dem Titel einer solchen Exclusive der Freiheit der Kirche, der Integrität des geistlichen Standes und der Person der würdigsten und pflichttreuesten Geistlichen die schwersten Verletzungen zugefügt werden könnten, falls einseitig und ausschließlich den Staatsbehörden es zustände, vorgebrachte Einreden gegen die Anstellung eines Geistlichen resp. die ihnen zu Grunde liegenden Thatsachen zu prüfen und zu beurtheilen. Unter allen Umständen aber steht jene Bestimmung mit dem bestehenden Rechte und der der katholischen Kirche in der Preußischen Verfassung gewährleisteten Selbstverwaltung in Widerspruch.

Wenn einigen Regierungen von Seiten der Kirche in Folge gegenseitiger Vereinbarung die Befugniß zugestanden wurde, aus rein bürgerlichen und politischen Gründen gegen die Anstellung eines Geistlichen Einsprache zu erheben, so kann der Staat nicht einseitig sich selbst ein solches Recht zuschreiben; überdies ist wohl zu beachten, daß ein solches Einspruchsrecht stets nur bei definitiven Anstellungen und fast immer nur in Betreff der Pfarrer in Anspruch genommen und gewährt wurde, während es der Gesetz-Entwurf auf einfache Hülfspriester und auf blos provisorische Anstellung ausdehnt, was unseres Wissens noch irgendwo beansprucht wurde. Es hängt dieses, wie der Gesetz-Entwurf ausdrücklich zu verstehen giebt, mit einer zweiten weit größeren Verletzung der kirchlichen Freiheit und Selbstständigkeit, nämlich mit den Bestimmungen über die Erziehung des Klerus zusammen.

Diese Bestimmungen enthalten den tiefsten und verderblichsten Eingriff in das innerste Leben der Kirche, in die höchsten Interessen der Religion, in die Freiheit des katholischen Glaubens. Wir werden uns darüber mit aller Offenheit, die unserem Amte ziemt, und die wir dem Staate schuldig sind, aussprechen.

Die wesentlichste unter allen Pflichten und das wichtigste unter allen Rechten der Kirche und der Bischöfe ist die Erziehung des Klerus.

Dieses Recht ist seit achtzehn Jahrhunderten noch in keiner Zeit und in keinem Lande der Welt der Kirche bestritten worden, als etwa im vorigen Jahrhundert in Oesterreich, in unserem Jahrhundert theilweise in deutschen Staaten, nie aber in solchem Umfange, wie durch den neuesten Gesetz-Entwurf für Preußen.

Ueberall, wo die katholische Kirche besteht, ist auch das Recht derselben, ihre Geistlichen in kirchlichen Lehr- und Erziehungs-Anstalten auszubilden, als selbstverständlich anerkannt: in England und Nord-Amerika, in Holland und Belgien. In Italien, Spanien, Frankreich, wo Revolutionen die Kirche verwüstet, sie zeitweise blutig verfolgt haben, fiel es, sobald nur die Uebung der katholischen Religion gestattet und freigegeben war, Niemanden ein, den Bischöfen die Erziehung ihres Klerus streitig zu machen.

Die Kirche hat durch das allgemeine Concil von Trient das Gesetz gegeben, daß Jene, die sich dem geistlichen Stande widmen, von Jugend auf in Seminarien sollen erzogen werden, und daß jedes Bisthum ein solches Seminar besitzen soll. Die betreffenden Circumscriptions-Bullen schreiben ausdrücklich die Ausführung dieses Gesetzes in allen preußischen Bisthümern vor.

Wenn die preußischen Bischöfe den Studirenden der Theologie den Besuch der Universitäten Bonn und Breslau und der Akademie Münster, sowie anderer deutschen Hochschulen gestatteten, so wollten und konnten sie dadurch nimmermehr auf das Recht der Erziehung und theologischen Ausbildung ihres Klerus verzichten. Sie konnten daher solches nur unter der Voraussetzung gestatten, daß die theologischen Fakultäten an jenen Staatsanstalten sich in theologischer und religiöser Beziehung der kirchlichen Autorität in rechter Weise unterordneten, — daß durch diese Unterordnung und die kirchliche Gesinnung der Professoren für die Katholizität der Lehrer und des Unterrichts, sowie durch wohleingerichtete Convicte für die Sittenreinheit und das religiöse Leben der jungen Theologen genügende Bürgschaft gegeben, und daß auch überhaupt von Seiten der Universität auf die katholische Kirche und die Candidaten ihres Priesterthums die gebührende Rücksicht genommen würde.

Wenn dagegen, wie namentlich in jüngster Zeit in Bonn geschah, die Mehrzahl der Professoren der theologischen Fakultät vom Glauben der Kirche abfällt und gegen die kirchliche Autorität sich erhebt; wenn nichtsdestoweniger diese Professoren als Lehrer der katholischen Theologie festgehalten und als Vertreter der Fakultät aufgestellt werden, und wenn die Mehrzahl der übrigen Professoren der Universität Partei für sie ergreift, dann ist ein Zustand eingetreten, der geradezu unerträglich ist und den auf die Dauer zu dulden eine schwere Schuld für die Bischöfe constituiren würde.

Dieses in Kürze die faktische Lage der Dinge, die erst in Verbindung mit den Motiven die ganze furchtbare Tragweite des Gesetzentwurfes klar macht.

Derselbe spricht zwar den Bischöfen und der Kirche das Recht des theologischen Unterrichts und der Erziehung des Klerus nicht förmlich ab, aber er macht es um einen großen Theil illusorisch.

Der Entwurf gebietet einem jeden Theologen unter Strafe des Ausschlusses von jedem geistlichen Amte den dreijährigen Besuch einer deutschen Universität und verbietet den Bischöfen die Anstellung eines Jeden, der fortan dieser Forderung nicht genügt hat.

Nur an bereits bestehenden Seminarien, die vom Staat als theologische Lehranstalten anerkannt sind, soll den Angehörigen der betreffenden Diöcese das Studium gestattet, an allen andern aber verboten sein, — eine gehässige Ausnahmebestimmung zum Nachtheil dieser kirchlichen Lehranstalten, die nur wie ein Nothbehelf in den engsten Schranken geduldet werden.

Das Verbot, daß die Universitätsstudenten gleichzeitig einem Seminar angehören, ist kaum zu verstehen, wenn man darunter nicht ein Verbot des Convictes in Bonn und der in Münster von jeher bestehenden Einrichtung verstehen will.

Sodann wird unter gleicher Strafe von den Theologen nicht

bloß, wie von allen andern Studenten, ein Maturitäts-Examen, sondern eine Prüfung über philologische, historische und philosophische Fächer nach bestandenem Universitäts-Triennium gefordert, was in keiner andern Fakultät vorgeschrieben ist.

Sowohl diese überaus gehässige Ausnahmebestimmung, als auch überhaupt das Universitäts-Triennium hat ausgesprochener Maßen nicht so sehr den Zweck, den Theologen in den genannten Fächern Kenntnisse zu vermitteln, als vielmehr auf ihre Gesinnungen und Grundsätze Einfluß zu üben. „National-Erziehung" hat man verlangt und dabei behauptet, daß eine kirchliche Erziehung antinationale und unpatriotische Gesinnungen erzeuge. Wir weisen diese stets wiederkehrende Beschuldigung immer auf's Neue mit Entschiedenheit zurück. Wir, die Bischöfe, unser glaubenstreuer Klerus und die gläubigen Katholiken aller Stände stehen Niemanden nach in der Pflichttreue gegen König und Staat und in aufrichtiger Liebe zum Vaterlande. Die Erziehung, die unsere Theologen zu guten Priestern und treuen Dienern ihrer Kirche macht, macht sie auch zu treuen und gewissenhaften Unterthanen der weltlichen Obrigkeit.

Dagegen haben wir leider Grund, zu fürchten, daß der Ausdruck: „nationale Erziehung" eigentlich nur unkatholische Erziehung bedeute, und daß dieselbe den Zweck habe, den Candidaten des geistlichen Standes unkirchliche Gesinnungen und Anschauungen, wenn möglich, beizubringen.

In den großen Anfechtungen, welche der Abfall einer Anzahl von Theologie-Professoren bereitet hat, haben nicht bloß die Geistlichen, sondern auch die Studenten der Theologie in ganz Deutschland eine aufrichtige und unerschütterliche Glaubenstreue zum Troste der Bischöfe und des ganzen katholischen Volkes bewiesen.

Wir fürchten, daß die beabsichtigten Vorschriften des Gesetz-Entwurfes darauf abzielen, eine Umwandlung dieser Gesinnung und dieser Glaubenstreue anzubahnen und zu bewirken.

Hat man ja von einem, wie man zu sagen beliebt, ultramontanen Geiste geredet, der im Klerus überhandgenommen habe, und den man durch die „nationale Erziehung" bekämpfen müsse. Allein der Geist, der unsern Klerus im Glauben und in kirchlicher Treue erhalten hat, ist nicht ein ihm künstlich angethaner Parteigeist, sondern es ist der reine und unverfälschte Geist der gesammten katholischen Kirche, es ist der von den Vätern seit unvordenklichen Zeiten ererbte Geist unseres katholischen Volkes, es ist der Geist, den sie aus dem väterlichen Hause mitgebracht haben, und fort und fort mitbringen. Wenn daher dieser Geist in ihnen durch die „nationale Erziehung" geschwächt, verändert, gefälscht und erstickt werden sollte, dann müßten wir eine offene, ja eine blutige Verfolgung einer solchen „nationalen Erziehung" unbedingt vorziehen. Sie wäre eine fortgesetzte Verführung der zum geistlichen Stande berufenen Jünglinge zum Abfall von ihrem priesterlichen Berufe, ja von ihrem katholischen Glauben.

Was die Bestimmungen des Gesetz=Entwurfes über die Gymnasial=Studien, über Knaben=Konvikte und Knaben=Seminarien betrifft, so haben wir bereits bemerkt, daß die Kirche auf letztere ein positives und natürliches Recht hat. In der ganzen katholischen Welt bestehen den Gesetzen der Kirche gemäß fast überall solche oder ähnliche Anstalten.

In Deutschland haben sich die Bischöfe meistens darauf beschränkt, blos Convikte einzurichten, deren Zöglinge die Staats=Gymnasien besuchen, und wo sie Mittelschulen errichteten, haben sie dieselben mit Zustimmung der Staatsbehörden und den allgemeinen Anforderungen des bestehenden öffentlichen Unterrichtswesens entsprechend eingerichtet. Die Zöglinge sowohl dieser kirchlichen Lehranstalten, als der bloßen Convikte haben sich stets nach den übereinstimmenden Zeugnissen der kirchlichen sowohl, als der Staatsbehörden, durch Kenntnisse und sittliche Haltung ausgezeichnet; sie haben die vom Staate vorgeschriebenen Prüfungen gut bestanden und vielfach die besten Noten erhalten.

Nun sollen diese Anstalten verboten und aufs Aussterben gesetzt werden; auch hier ist es einzig die Gesinnung dieser Knaben und Jünglinge, d. h. ihr religiöser Geist und die Liebe zu ihrer Kirche, die einen Vorwurf gegen sie bildet. Diese Convikte und Lehranstalten sind für viele Kinder unserer christlichen Familien, zumal auf dem Lande, das einzige Mittel, um dem innigsten Wunsche ihres Herzens und dem ausgesprochenen Berufe zum Studium und zum geistlichen Stande zu genügen. Ohne sie müßten sie vielfach auf das Studium verzichten oder, was noch schlimmer ist, fern vom elterlichen Hause und in den ungünstigsten äußeren Verhältnissen an Religion und Tugend Schaden nehmen und mitunter ganz zu Grunde gehen.

Für die Kirche aber sind diese Anstalten ein ganz vorzügliches Mittel, um würdige Geistliche in genügender Anzahl zu erhalten. Dieselben unterdrücken, heißt den geistlichen Stand verwüsten und die Kirche und das katholische Volk in ihren heiligsten Interessen tief beschädigen.

Und welche Unbilligkeit! Unter dem unwahren und beleidigenden Vorwurfe, daß durch die Erziehung in den Convikten Geist, Charakter und Patriotismus beschädigt werde, verbietet man der katholischen Kirche dasjenige, was auf allen anderen Gebieten erlaubt ist und für nützlich und zweckmäßig erachtet wird. Der Staat bildet seine Offiziere von frühester Jugend an in Cadettenhäusern; Pensionate jeglicher Art und für alle Berufszweige bestehen frei, nur der Kirche und den Katholiken will man es verwehren, Pensionate für Kinder katholischer Familien und Zöglinge des geistlichen Standes, die solcher Anstalten mehr als alle anderen bedürfen, zu haben und zu behalten.

Bezüglich der Gesetz-Entwürfe über die Ausübung der kirchlichen Straf- und Disciplinar-Gewalt wollen wir nur Folgendes bemerken.

Das Urrecht jeder Gesellschaft, ohne welches sie ihre eigene Existenz nicht behaupten kann, ist das Recht, Mitglieder aus ihrer Mitte auszuschließen, die sich den Gesetzen der Gesellschaft nicht fügen und auf die Untergrabung derselben hinarbeiten.

Die katholische Kirche, deren Geist ein Geist der Liebe und Milde ist, macht von diesem Mittel einen äußerst seltenen Gebrauch, nur zur Besserung des Betreffenden und nur, wo eine unabweisliche Pflicht gegen die Gesammtheit sie dazu nöthigt. Aber wo eine solche Pflicht vorliegt, da muß sie auch davon Gebrauch machen, und kann es nicht unterlassen, ohne sich selbst zu zerstören. Namentlich also, wenn ein Priester und Lehrer der katholischen Religion, vom katholischen Glauben abfällt, der kirchlichen Autorität den Gehorsam aufkündigt, zu einem Bekämpfer des Glaubens und einem Verächter der Kirche wird, dann muß sie einen solchen nicht blos von allen geistlichen Aemtern, sondern auch von der Gemeinschaft der Kirche selbst ausschließen.

Es mußte uns daher befremden, in dem Gesetz-Entwurf dem Verbot von Excommunicationen wegen Uebung politischer Wahlrechte und dergleichen zu begegnen, ein Verbot, dem eben so sehr der Gegenstand fehlt, als dem Verbote körperlicher Züchtigung als Disciplinarmittel gegen Geistliche. Wohl aber sind solche Verbote in einem Gesetze geeignet, bei Andersgläubigen und Unwissenden Vorurtheile zu erwecken und sie mit Widerwillen gegen die katholische Kirche und ihre Diener zu erfüllen. Nur in dem Falle, den Gott verhüten wolle, daß Staatsgesetze gegeben würden, welche Mitglieder der katholischen Kirche zur Auflehnung gegen die Kirche aufforderten oder ermächtigten, könnte zwischen dem Staatsgesetz und der Uebung der kirchlichen Straf- und Disciplinargewalt ein Konflikt entstehen. Dann befänden wir Katholiken uns eben im Zustande der Verfolgung, und dann müßten wir Bischöfe unsere Pflicht erfüllen, wenn uns auch deshalb nicht blos Geldstrafen, sondern noch viel härtere Strafen treffen würden.

Hier können wir nicht unterlassen, es auszusprechen, daß uns die so häufige Androhung von Geldstrafen im Gesetz-Entwurf, und zwar mit sichtlicher Richtung gegen die Bischöfe, tief gekränkt hat. Wahrlich, das wäre ein unwürdiger Bischof, der durch Rücksicht auf Geldverlust auch nur einen Augenblick in Erfüllung seiner Pflicht wankend gemacht werden könnte.

Wir müssen demnach auf's Feierlichste Protest erheben gegen jede Beschränkung und Vereitelung der kirchlichen Disciplinar-Gewalt. Nichts wird uns abhalten können, die Reinheit des Glaubens, den Bestand und die Verfassung der Kirche durch die von den kirchlichen Gesetzen vorgeschriebenen Mittel zu vertheidigen und aufrecht zu erhalten.

Wie der Entwurf zwar den Ausschluß von der Kirchengemeinschaft gestatten, aber die Veröffentlichung desselben verbieten kann, ist uns unfaßbar. Besteht ja der Hauptzweck der Excommunication gerade darin, das öffentliche Interesse der Kirchengemeinschaft gegen die Angriffe und Vergehen Einzelner zu wahren.

Mit Uebergehung einer Reihe anderer Punkte heben wir noch einige Bestimmungen hervor, welche, wie es scheint, den Zweck haben sollen, den Klerus gegen die Gewalt der Bischöfe zu schützen. Dahin gehört die Bestimmung, daß kein Geistlicher ungehört und ohne Beobachtung der regelmäßigen Form disciplinariter bestraft werden könne; daß keiner länger als drei Monate in einer Demeriten-Anstalt dürfte untergebracht werden; daß dazu überall die Beaufsichtigung oder Kenntnißnahme der weltlichen Behörden nothwendig ist. Ganz besonders aber gehört hierher die Appellation von kirchlichen Richtersprüchen an den Staat; desgleichen auch die Aufhebung der s. g. Succursal-Pfarreien als solcher auf dem linken Rheinufer und das Verbot der Amovibilität.

Wir haben die Gewißheit, daß der gesammte katholische Klerus den Urhebern des Gesetz-Entwurfes für alles dieses nicht den geringsten Dank wissen wird. Er weiß wohl, daß die Bischöfe sich bei der Besetzung und Mutation von Stellen gewissenhaft an die Pflichten ihres Amtes und an die Vorschriften des kanonischen Rechtes, das die Rechte und Interessen der Geistlichen auf das sorgfältigste wahrt, jederzeit halten und auch bei den durch die französische Gesetzgebung eingeführten Succursalen die kanonischen Grundsätze gehörig berücksichtigen.

Was aber die Uebung der Disciplinargewalt betrifft, so kommen Fälle, wo sie nothwendig wäre, bei unserm würdigen und vortrefflichen Klerus nur äußerst selten vor. Wenn jedoch ein Geistlicher einen Fehler begangen hat, dann wird ihm eine jede Einmischung der weltlichen Obrigkeit weit schmerzlicher sein, als die gerechte und milde Büßung, welche sein Bischof ihm auferlegt.

Die Appellation vom kirchlichen Gericht an ein weltliches ist eine Zerstörung der Selbstständigkeit der Kirche, eine Aufhebung des Unterschiedes der Grenzen zwischen Staat und Kirche, und sind daher die Bischöfe gänzlich außer Stande, eine solche Appellation als statthaft und gültig anzuerkennen und an dem Verbote derselben durch die allgemeinen Kirchengesetze das Mindeste zu ändern. Auch hier sind wir übrigens gewiß, daß kein Geistlicher, der nicht am Glauben und seinem Beruf Schiffbruch gelitten, jemals von diesem Mittel Gebrauch machen oder sich die Official-Appellation seitens der weltlichen Behörde gefallen lassen wird.

Während der Gesetz-Entwurf das wesentlichste Recht der Kirche, durch Excommunication, Suspension, Amtsentsetzung und überhaupt durch Uebung der Disciplin ihre Reinheit zu bewahren, mehr und mehr zu vereiteln sucht, schreibt er dagegen dem Staate ein weitgehendes Recht der Amtsentsetzung über die Geistlichen, die Bischöfe eingeschlossen, zu.

Allein so gewiß die Kirche nicht Diejenigen begünstigt, die sich eines Verbrechens gegen die bürgerliche und staatliche Ordnung schuldig gemacht, eben so gewiß steht dem Staate nie und nimmer das Recht zu, wesentlich kirchliche Strafen zu verhängen und von Aemtern zu entsetzen, die den Betreffenden nicht durch den Staat, sondern durch die Kirche übertragen sind.

Nach dem Gesetz-Entwurf soll ein Staatsgerichtshof für kirchliche Sachen eingesetzt werden. Wir können ein für alle Mal eine solche Competenz desselben nicht anerkennen und darin nur einen Schritt erblicken, um die kraft göttlicher Einsetzung freie und unabhängige katholische Kirche in eine unkatholische Staatskirche umzuwandeln. Sollte man deshalb uns selbst vor diesen oder einen andern Staatsgerichtshof stellen, so hoffen wir von der göttlichen Gnade, daß uns die Kraft nicht fehlen werde, vor demselben eben so standhaft Zeugniß für unsern Glauben abzulegen und auch das Härteste für die Freiheit der Kirche so freudig zu dulden, wie unzählige unserer Vorfahren und Mitbrüder im bischöflichen Amte in vergangenen Zeiten uns das Beispiel hinterlassen haben.

Zum Schlusse müssen wir auf das Allernachdrücklichste gegen die Bestimmung des Entwurfes, daß die Disciplinargewalt nur von inländischen geistlichen Behörden geübt werden könne, feierliche Verwahrung einlegen, insofern dadurch die oberste Jurisdiction des Oberhauptes der Kirche beeinträchtigt wird.

Im Frieden zwischen Staat und Kirche beruht das Heil beider und der gesammten Gesellschaft. Die Bischöfe, der Klerus und das katholische Volk sind nicht staats- und reichsfeindlich, sie sind nicht unduldsam, nicht ungerecht und gehässig gegen andere Confessionen. Sie verlangen nichts sehnlicher, als mit Allen in Frieden zu leben. Nur Eines fordern sie: daß man sie nach ihrem Glauben, von dessen Wahrheit und Göttlichkeit sie durchdrungen sind, ruhig und sicher leben lasse, — daß man die Integrität ihrer Religion und Kirche und die Freiheit ihres Gewissens nicht antaste; und sie sind fest entschlossen, diese ihre rechtmäßige Freiheit und auch das kleinste ihrer kirchlichen Rechte unerschrocken und standhaft durch alle rechtmäßigen Mittel zu vertheidigen.

Aus innerster Seele aber müssen wir im Interesse des Staates sowohl, als der Kirche die Lenker des Staates und Alle, welche auf Staats-Angelegenheiten Einfluß haben, bitten und beschwören, von dem unheilvollen Wege, den man eingeschlagen hat, zurückzutreten, der katholischen Kirche und ihren nach vielen Millionen zählenden Bekennern im Königreiche Preußen und im Deutschen Reiche den Frieden der Rechtssicherheit und der allgemeinen Freiheit zurückzugeben und uns nicht zwangsweise Gesetze aufzulegen, deren Beobachtung für jeden Bischof unvereinbar mit den von ihm beschworenen Amtspflichten und für ihn sowohl, als für jeden Priester und für jeden Katholiken mit dem Gewissen in Widerspruch, moralisch unmöglich ist, deren gewaltsame Durchführung aber namenloses Unglück über unser treues katholisches Volk und unser geliebtes Vaterland bringen würde."

Diese Denkschrift hat bekanntlich bei den Staatsgewalten keine Berücksichtigung gefunden, obgleich sie katholischerseits in beiden Häusern des Landtags auf's entschiedenste vertreten und weiter ausgeführt ward. Die nichtkatholischen, hauptsächlich protestantischen Mehrheiten haben kein Bedenken getragen, über die innersten Angelegenheiten der katholischen Kirche zu entscheiden, während zur Zeit des alten Deutschen Reiches die Protestanten, als sie die Minderheit bildeten, es für selbstverständlich erklärten und verfassungsmäßig durchsetzten, daß über Religions-Angelegenheiten im Reichstage nicht durch Majoritäten, sondern nur mittelst itio in partes zu entscheiden sei, — ein Satz, welcher zur Wahrung des Religionsfriedens auch in der Deutschen Bundesakte von 1815 vollen Ausdruck gefunden hat.

Die Preußische Gesetzgebungs-Majorität muß wohl bei ihren Beschlüssen entweder an der Wahrhaftigkeit oder an der christlichen Pflichttreue und Charakterstärke der Bischöfe gezweifelt haben, denn andernfalls hätte man die Maigesetze entweder nicht erlassen oder sich demnächst über den schon vorher angekündigten passiven Widerstand der Bischöfe nicht so gar entrüstet zeigen dürfen, indem man nachträglich zur Brechung dieses Widerstandes immer bedenklichere Zwangsmittel bis zur Brotentziehung und Landesverweisung durch die Polizei ins Werk setzte.

Diese weiteren Gesetze sind erlassen, sie haben tiefe Wunden geschlagen, allein sie können die in den Maigesetzen erstrebte Aufsaugung der Kirche durch den Staat so lange nicht verwirklichen, als das katholische Volk dies mit seiner Religions- und Gewissensfreiheit unverträglich erachtet und seine Christenwürde bewahrt, und so lange namentlich der Klerus in glaubenstreuer Opferwilligkeit verharrt.

Bei dieser Vertheidigung seines Glaubens und seiner Kirche weiß das katholische Volk zugleich kraft des Zeugnisses der Jahrhunderte, daß dieselbe nicht unverträglich ist mit den wahren Interessen des Staates und der Gesellschaft; es weiß nicht minder, daß dieser katholischen Kirche auch nach Beseitigung der betreffenden Verfassungs-Bestimmungen die bindendsten Rechtsgarantieen zur Seite stehen, — der Westphälische Friede, der Reichsdeputations-Hauptschluß und das in den Besitznahmepatenten verpfändete Königswort seiner Beherrscher. —

Der Herr Kultusminister hat im Abgeordnetenhause noch geglaubt, die Berechtigung der neuen Preußischen Kirchengesetzgebung durch die Behauptung erweisen zu können, daß die Oesterreichische Gesetzgebung ihr vollkommen entspreche, und daß dort kein Widerstand Seitens der Bischöfe hervorgetreten sei. Beide Behauptungen sind gleich falsch. Die Oesterreichischen Bischöfe erkennen das Gesetzgebungsrecht des Staates in Kirchensachen ebensowenig an, wie die Preußischen; sie befolgen jene Gesetze aber unbedenklich insoweit, als sie mit dem Konkordate im Einklange stehen.

Die Oesterreichischen Maigesetze selber unterscheiden sich sodann wesentlich von den Preußischen, indem sie die Vornahme geistlicher Amtshandlungen nirgend unter Strafen verbieten, auch keiner Staatsbehörde das Recht zusprechen, Priester oder Bischöfe abzusetzen, vielmehr nur im §. 8 bestimmen, daß in näher angegebenen Fällen die staatliche Kultusverwaltung die Entfernung eines Seelsorgers aus dem Amte durch die bischöfliche Behörde verlangen könne. „Wird dem Verlangen Seitens der kirchlichen Behörde in angemessener Frist nicht entsprochen, so ist das Amt oder die Pfründe für den staatlichen Bereich als erledigt anzusehen, und hat die Regierung dafür zu sorgen, daß jene Geschäfte, welche die Staatsgesetze dem ordentlichen Seelsorger übertragen, von einer andern von ihr bestellten Persönlichkeit insolange versehen werden, bis das betreffende Kirchenamt in staatsgültiger Weise neu besetzt ist." Das Oesterreichische Gesetz entzieht solchen Seelsorgern also nur die ihnen übertragenen staatlichen Fuktionen (Civilstands-Angelegenheiten, staatliche Schulaufsicht) in keiner Weise aber spricht es ihnen die geistliche Amtsgewalt ab, wie dies in den Preußischen Maigesetzen geschieht. In den Oesterreichischen Motiven ist desfalls gesagt: „Es entspricht den Grundsätzen der bestehenden Gesetzgebung, daß die Entsetzung von der Pfründe, ebenso wie die Einsetzung in dieselbe als innere kirchliche Angelegenheit den Ordinariaten überlassen bleibt." Diese Ordinariate (Bischöfe) selbst sollen zwar zur Neubesetzung der betreffenden Pfarrstelle auf dem Verwaltungswege durch Geldbußen angehalten werden, allein von eigentlicher Strafandrohung gegen dieselben oder gar von deren Absetzung durch den Staat ist nicht die Rede; — die kirchliche Wirksamkeit als solche ist nirgend verboten. Noch weniger schreibt sich das Oesterreichische Gesetz, gleich dem Preußischen, die Befugniß zu, Patronen ohne jede Mitwirkung des Bischofs das Recht zur Besetzung von katholischen Pfarrstellen zu übertragen!

Mit mehr äußerem Grunde könnten die Urheber der Maigesetze sich auf die kirchenpolitischen Leistungen der Schweiz be=

rufen. Allein der herrschende Schweizer Radikalismus selbst ist doch allzu anrüchig geworden, um Andern eine moralische Deckung gewähren zu können. Es kommt aber noch das Weitere hinzu, daß selbst der Schweizer Nationalrath im Jahre 1873 die beantragte Uebernahme der Preußischen Maigesetze über die Vorbildung der Geistlichen und die Beschränkung der bischöflichen Disciplinargewalt als prinzipiell unzulässig verworfen hat.

———

VII.

Die Erfahrung hat längst gelehrt, daß das einstimmige und allein kompetente Urtheil der gläubigen Katholiken über katholische Religions= und Gewissens=Angelegenheiten nicht im Stande ist, die Anschauungen der sog. Kulturkämpfer zu berichtigen. Es wird daher am Orte sein, daran zu erinnern, daß längst schon im Inlande, wie im Auslande die gewichtigsten Autoritäten, die des Ultramontanismus nicht verdächtig sind, ebenso entschieden, wie die Katholiken, die Ungerechtigkeit und Undurchführbarkeit der Mai= gesetze dargelegt haben.

Es mögen demnach einige jener Zeugnisse hier ihre Stelle finden und zwar umsomehr, weil dieselben den Verfasser der Pflicht überheben, die dort erörterten Punkte selbständig zu be= handeln.

Die liberal=protestantische Edinburgh Review giebt im April= heft 1874 nach Darlegung des Inhalts der Maigesetze folgendes, im Preußischen Abgeordnetenhause verlesenes Urtheil ab:

„Ein solches Verfahren mag in einer nationalen Staatskirche möglich sein, aber Niemand wird behaupten, daß die katholische Kirche in Preußen sich in dieser Stellung befinde. In Wahrheit ist indessen niemals irgend eine auf die Civilgesetzgebung des Staates gegründete Staatskirche einer so sehr mit der Existenz einer Hierarchie in Widerspruch stehenden Einschränkung und Kon= trole unterworfen worden. Die Erziehung der Geistlichen, die Tauglichkeit von Kandidaten für den Priesterstand, die Wahl und Ernennung von Priestern und die ganze Leitung der bepfründeten

Geistlichkeit, die Verhängung von geistlichen Rügen und Strafen in sich begreifend, kann kein Gegenstand der Polizei werden; eine Kirche unter solchen Bedingungen würde eine vom Konstabler und Magistrat regierte Kirche sein. Alle geistliche Gewalt und Autorität ist ihr verweigert. Ein solches System auf die katholische Kirche mit ihren erhabenen Traditionen von episkopaler Regierung in ihrem festen Autoritätenbau anwenden, will einfach sagen, daß eine solche Kirche überhaupt nicht existiren soll.

Aber in Wahrheit, keine protestantische Kirche der Welt, sei sie etablirt oder frei, würde auch nur einen Augenblick solche Knechtschaft ertragen. Versucht es in Schottland, — man würde euch sagen, daß dies tollgewordener Erastianismus sei, und das Volk würde lieber hinausgehen, am Bergesabhang zu beten, als solcher Tyrannei gehorchen. Versucht es in England, — nicht ein Gläubiger der Englischen Kirche, weder Kleriker, noch Laie, würde einen Augenblick das despotische Dazwischentreten der Regierung in jedem Akte des geistlichen Lebens erdulden, — ebenso bei allen unsern Konformistensekten. Eine Kirche, welche aufhört, ihre Diener und Glieder zu erziehen, einzusetzen und zu regieren, hört überhaupt auf, eine Kirche zu sein. Männer aber für die Ausübung von Pflichten bestrafen, welche das Wesen (essence) ihres heiligen Standes ausmachen, das ist die größte Form der Ungerechtigkeit und der Intoleranz."

Das protestantische Toryblatt „Standard" spricht sich folgendermaßen aus:

„Wenn von dieser harten und unbeugsamen Gesetzgebung wie von einer graden Linie nicht abgewichen werden kann, — aufbauen kann sie nicht und ebensowenig befestigen, — schafft man in dieser Weise die Einheit des Landes? Bis jetzt glaubte die Welt, daß Deutschland seit dem Januar 1871 einig sei, aber diese skandalösen Zwistigkeiten verursachen schwere Bedenken. Das religiöse Gefühl ist in der menschlichen Brust das tiefste und stärkste; denn es ist mächtiger, als der Patriotismus. Wir hoffen von Herzen, daß Fürst Bismarck nicht daran arbeiten werde, sein eigenes Werk zu zerstören."

Der reformirte Prediger und Abgeordnete Pressensé spricht sich noch schärfer aus, allein seine Worte mögen hier fehlen, weil er Franzose ist.

Der dermalige Italienische Kultusminister Dr. Bonghi, der sich selbst zwar offen als Todfeind der katholischen Kirche erklärt, jedoch nicht zu derjenigen Partheikategorie gehört, welche Massimo d'Azeglio, der Freund Cavours, den feinsten Schaum (Abschaum) der Kanaille (schiuma soprafina di canaglia) genannt hat, spricht in der Broschüre: „Die italienische und die Deutsche Kirchen= politik" (abgedruckt in dem Sammelwerke „Italia" von Hilde= brand) über die Preußischen Maigesetze im Wesentlichen dieselbe Verurtheilung aus, wie die Katholiken des Erdkreises. Er sagt, wie sie, daß zwar die eine oder andere Neupreußische Bestimmung da oder dort ein Analogon habe, daß aber etwas Aehnliches im Großen und Ganzen nirgends zu finden sei. „Wenn sich das Preußische System erhält und siegt, kann der römische Katho= lizismus als erloschen betrachtet werden." Er fügt für sich hinzu: „Wir (Bonghi) würden diesen Untergang allerdings mit Freuden begrüßen, allein wir sind noch nicht gewiß, den Katholizismus auf der Bahre zu sehen, und sehen ihn wenigstens nicht darauf." Bonghi sagt weiter, diese Preußische Gesetzgebung sei nicht so be= schaffen, daß der römische Katholizismus sie akzeptiren und dabei irgend einen seiner Hauptgrundzüge retten könne. Ueberall werde in das ihr allein angehörige Gebiet eingegriffen. Das Leben der Kirche, sagt er, verliere, wenn es dieser vielseitigen Einmischung unterworfen werde, alle Bedeutung, Realität und Würde. „Keine Religion, die noch einige geistige Lebensfähigkeit besitzt, würde ein solches Loos über sich ergehen lassen, und wenn sie es thäte, würde es ihr Tod sein. Es liegt kein Grund zu der Annahme vor, daß grade der Katholizismus diejenige Religion sein sollte, die sich ohne Weiteres diesem Loose fügen würde." Unter allen Umständen „sei in Italien eine Gesetzgebung unmöglich, die, um sich nicht lächerlich zu machen, drei Bischöfe in's Gefängniß stecken mußte, nicht weil sie direkt gegen den Staat konspirirt haben, sondern weil sie es nicht für möglich hielten, Gesetzen zu gehorchen, die nach ihrer Meinung die Rechte ihres Glaubens verletzen; — in keinem romanischen Lande kann man sagen oder behaupten, daß das Gesetz absolut souverain sei, — daß man dasselbe absolut respectiren müsse, welches auch der Gegenstand sei, den es behandelt und ohne Unterscheidung der Grenzen. Keine politische Parthei würde in ihrem Gewissen dieser Theorie beitreten."

Es dürfte der Gegenseite wohl schwer werden, diesem Verdicte eines Mannes, wie Dr. Bonghi, das Gewicht abzusprechen und unverdrossen auf der verderblichen Bahn fortzuschreiten.

Nicht anders hat in Deutschland v. Kirchmann (Ueber parlamentarische Debatten 1874) und Prof. Dr. Geffken (Staat und Kirche 1875) die Preußische Maigesetzgebung beurtheilt.

Geffken sagt ebenso, wie die ganze katholische Welt: „Der eigentliche Fehler der Maigesetze ist der, daß sie die dem Staate und der Kirche eigenthümlichen Gebiete durchaus vermischen." Er zeigt dies zunächst an dem Verbote der großen Exkommunikation und bemerkt, daß wenn dabei eine Beleidigung vorkommen sollte, das Strafgesetzbuch bestehe.

Vom neuen Staatsgerichtshofe, der darüber entscheiden solle, ob ein vom Bischof disciplinarisch bestrafter Geistlicher noch ferner befugt sei, geistliche Amtshandlungen vorzunehmen, sagt er: „Das geht über die staatliche Kompetenz hinaus, denn es giebt thatsächlich jener Behörde die Entscheidung in rein dogmatischen Fragen. Wenn ein Priester seines Amtes entsetzt wird, weil er die Unfehlbarkeit nicht annimmt, und der Gerichtshof erkennt, er sei mit Unrecht abgesetzt, so erklärt damit eine staatliche Behörde, was zum katholischen Glauben gehöre, was nicht." — „Ein derartiger Eingriff in das rein kirchliche Gebiet seitens einer weltlichen Behörde — vernichtet alle innere Selbstständigkeit der Kirche."

Hinsichtlich des maigesetzlichen Verbots jeder kirchlichen Disciplinar-Jurisdiction durch einen auswärtigen Obern sagt Geffken, die Verbindung der katholischen Kirche mit dem Papste sei der Grund- und Schlußstein der katholischen Kirche, — der Staat könne der Entscheidung desselben nur die staatlichen Vollstreckungsmittel verweigern.

Was die maigesetzlich reglementirte Vorbildung der Geistlichen anlangt, so bemerkt er, diese Letzteren seien nicht Staatsbeamte, officiers de la morale publique (wie sie Mirabeau genannt), — „der Staat überschreitet also seine Kompetenz, wenn er unternimmt, das eigentliche theologische Studium zu regeln." In Betreff der Anstellung der Geistlichen könne der Staat zwar die Erlangung der von ihm gewährten Vortheile von der Erfüllung gewisser Bedingungen abhängig machen. „Aber der Staat kann auf die Kontravention nur die Entziehung dessen, was er selbst gewährt, setzen, er kann nicht den Kirchen vorschreiben, unter welchen Bedingungen sie eines ihrer Aemter übertragen dürfen, noch weniger rein geistliche Handlungen in einem Amt, welches gegen seine Vorschriften einem Geistlichen übertragen ist, mit Criminalstrafe belegen."

Geffken faßt sein Urtheil dahin zusammen, daß die Preußische Kirchengesetzgebung Art und Tragweite des Kampfes vollständig verkannt habe. „Der kirchenfeindliche Liberalismus, welcher sie als einen großen Sieg feiert, sieht in der römischen Kirche nur den politischen Gegner, dessen gefährliche (?) Organisation um jeden Preis gebrochen werden soll; er übersieht, daß die Kraft der Hierarchie in der ungeheueren Macht wurzelt, die sie (vielmehr das Christenthum) über die Gemüther ihrer Angehörigen übt und die man nicht durch Gesetze überwinden kann." Er bezeugt, wie Bonghi, daß zwar da und dort einzelne ähnliche Gesetzesbestimmungen sich finden, daß es aber kein Land gebe, wo das ganze System der neupreußischen Gesetze unter stillschweigender Anerkennung der Kirche bestehe. Zum Schluß erklärt er: „Der Liberalismus, an den Wagen des Kulturkampfes gespannt, verleugnet alle seine Grundsätze, um seinem Hasse gegen die Kirche genug zu thun, und fordert die geistige Verwüstung durch Auflösung jedes religiösen Bewußtseins." — „Die Massen werden immer mehr zu den beiden Extremen des Atheismus und des Ultramontanismus gedrängt werden." Er erinnert endlich an Luther's Wort, daß man wider den Geist nicht mit dem Schwerte hauen könne!

Prof. Dr. Sohm (Das Recht der Eheschließung. 1875) constatirt, daß in der Preußischen Maigesetzgebung nur der Gedanke der rechtlichen Unterordnung der Kirche unter den Staat, nicht auch der der ethischen Gleichordnung derselben seine Realisirung gefunden. „Von der ethischen Gleichordnung der Kirche, von ihrer Werthschätzung als der höchsten sittlichen Macht, die unser Volk besitzt, von dem Bedürfniß des Staates, in Gemeinschaft mit der christlichen Kirche an der sittlichen Erziehung der Nation zu arbeiten, und daher von der Nothwendigkeit einer Respectirung ihrer inneren Lebensbedingungen ist in den Maigesetzen Nichts zu spüren. Nicht die höchste Werthschätzung, sondern lediglich das Mißtrauen gegen die Kirche hat diese Gesetze eingegeben. Nicht blos die ultramontane Richtung innerhalb der katholischen Kirche, sondern die christliche Kirche überhaupt, die evangelische wie die katholische, ist thatsächlich nicht als ein Bundesgenosse, sondern ausschließlich als ein Gegner des Staates behandelt worden, und die Gesetze enthalten nichts Anderes, als die Auslieferung der Kirche an das Gutbefinden der staatlichen Verwaltung. Die Folge der Maigesetze ist deshalb die innerliche

Entfremdung des Staates und der christlichen Kirche gewesen. Sie haben die Bewegung angebahnt, welche immer entschiedener auf eine Trennung von Staat und Kirche drängt, und welche damit formell das Verschwinden der christlichen Kirche aus dem öffentlichen Leben der Nation herbeizuführen bestimmt ist. In Folge der Maigesetzgebung und des durch sie inaugurirten „Kultur= kampfes" des Liberalismus gegen die Kirche sehen wir daher vor unsern Augen die Traditionen des christlichen Staates, welche den christlichen Staat selber länger als ein halbes Jahrhundert über= dauert haben, reißend schnell zu Grunde gehen. Unter dem Druck des kirchlichen Konfliktes vollenden sich die Konsequenzen des kon= fessionslosen Staates, denn die Konfessionslosigkeit ist auch für den Staat im Erfolg nothwendig mit Religionslosigkeit gleich= bedeutend." Sohm spricht weiterhin die Ueberzeugung aus, daß „die Kosten des Kampfes zwischen Staat und Kirche vor Allem die evangelische Kirche hat zahlen müssen."

VIII.

Den in obigen Auseinandersetzungen karakterisirten Maigesetzen ist nirgendwo im Lande ein **aktiver** Widerstand entgegengesetzt worden, obgleich die Art der Ausführung derselben seitens der unteren Behörden nicht selten eine mehr als verletzende gewesen ist. In Gemäßheit der christlichen Pflichtenlehre und der ausdrücklichen Mahnung der Bischöfe hat das katholische Volk alle Akte der Beschädigung seines kirchlichen Lebens, alle Verurtheilungen und Einkerkerungen, alle Ausweisungen und Verbannungen seiner Ordensleute, Priester und Bischöfe geduldig, wenn auch schmerzerfüllt, ohne jeden Widerstand geschehen lassen. Die Bischöfe und Priester aber haben mit unerschütterlicher Standhaftigkeit so gehandelt, wie sie es zum Voraus unter Berufung auf ihre Eides- und Gewissenspflicht angekündigt hatten. Sie haben ihre Mitwirkung bei Ausführung der Maigesetze versagt; sie haben nicht gethan oder unterlassen, was die Maigesetze wider das Gewissen gebieten oder verbieten, sie haben sich aber widerstandslos allen Nachtheilen und Straffolgen unterworfen, welche die Gesetze mit ihrer unterlassenen Beobachtung verbinden (passiver Widerstand).

Und wegen dieser ihrer Haltung hat man die katholischen Bischöfe und Priester offiziell als „Revolutionaire" zu bezeichnen für zulässig erachtet. Ein solcher Vorwurf aber ist, ganz abgesehen von seiner darzulegenden inneren Ungerechtigkeit, im Munde von Staatsmännern doppelt bedenklich; denn nichts kann geeigneter sein, den die Staatsordnung bedingenden Abscheu vor jedem Gedanken an Revolution so sehr abzustumpfen, als die offizielle Anwendung jenes Begriffs auf die von der katholischen Welt bewunderte, auch von nicht katholischen Autoritäten gerechtfertigte Haltung der Preußischen Bischöfe.

Die erhobene Anklage selbst ist aber für das katholische Pflichtbewußtsein so verletzend und zugleich für die Beurtheilung der ganzen Lage der Gegenwart Seitens der höchsten Träger der Staatsgewalt so präjudizirlich, daß sie nicht blos mit dem einfachen Ausdrucke der Entrüstung zurückgewiesen werden darf.

Revolution oder Empörung ist, um mit den Worten Stahl's (Staatslehre Band II. Abth. 2. S. 541) zu reden, die Anwendung physischer Gewalt gegen die Obrigkeit, sei es um bestimmte Vornahmen oder Unterlassungen von ihr zu erzwingen, sei es um sie selbst abzusetzen.

Ersteres pflegt man auch als aktiven Widerstand, letzteres als Empörung im besonderen und eminenten Sinne zu bezeichnen. Beide Arten der Empörung sind nach Gründen des Rechts und der christlichen Moral gleich verwerflich, seitdem und wo der ganze und volle Staatsbegriff an die Stelle der mittelalterlichen Auffassung von dem rein kontraktlichen Verhältniß der Obrigkeit zu den Untergebenen, wie es in dem Worte: „se no-no" seinen Ausdruck gefunden, getreten ist. Nur der antikisirende Liberalismus erkennt dies nicht an und weist auf den ewig wiederkehrenden Mißbrauch der obrigkeitlichen Gewalt, auf Rechts- und Verfassungsbruch, auf Tyrannei hin mit der Frage, ob das denn die gottgewollte Menschenordnung sei, daß solche Ungebühr geduldig ertragen werden müsse. Allein schon Luther hat, hierin im vollen Einklange mit der katholischen Pflichtenlehre, erwiedert, es würden sich immerhin Gottlose, Unchristen, Heiden finden, welche (sich und Andern zur Strafe) zur Ordnung zurückführten. Stahl selbst bemerkt hierbei: „Es wird den Regenten und Unterthanen gesagt: „die Völker sollen sich nicht empören," es wird ihnen aber nicht gesagt: „die Völker werden sich nicht empören." Stahl sagt sodann (S. 548) weiter: „Ganz anders, als mit der Empörung, verhält es sich mit dem **passiven Widerstand**. Der passive Widerstand besteht darin, daß man nicht thut, was die Obrigkeit gebietet, nicht unterläßt, was sie verbietet, wie die ersten Christen, dem Gebote der Obrigkeit entgegen, den Götzen nicht opferten, ihrem Verbote entgegen, die Predigt des Evangeliums nicht unterließen. Er unterscheidet sich sonach wesentlich von dem aktiven Widerstand; denn dieser ist ein Angriff auf die Gewalt der Obrigkeit, eine Verhinderung ihrer Handlungen, jener eine Versagung der eigenen Handlungen, des Unterlassens oder des Thuns. Er ist auch wesentlich verschieden von Auffündigung des Gehorsams, denn er widersteht nur bestimmten Geboten und entzieht sich nicht dem Ansehen der Obrigkeit überhaupt. — Der passive Widerstand ist unter Umständen statthaft, ja **geboten**. Denn der Mensch steht nicht blos und nicht mit seinem gesammten Handeln unter dem Staate, sondern zugleich unmittelbar unter Gott. Wenn daher das Gebot der Obrigkeit gegen das Gebot Gottes geht, so hat der Unterthan die **Pflicht**, ihr den Gehorsam zu verweigern nach dem Satze: „man muß Gott mehr gehorchen, denn den Menschen" (2, Mos. 1, 17; A. G. V. 29). Hiermit übt er auch gar keine Einwirkung auf den Staat, er richtet nicht über die Obrigkeit, vollzieht kein Urtheil an ihr, sondern er richtet nur über sein eigenes Gewissen. Wo nun aber die Gränze der Pflicht gegen das äußere Gebot der Obrigkeit und der Pflicht gegen das innere Gebot Gottes sei, das kann dem Menschen unmöglich durch den Staat, weder durch seine Gesetze, noch durch seine Obrigkeit kund werden, denn es ist ja gerade die Gränze des Staates, sondern nur durch Gottes Gebot selbst, wie er es in seinem Gewissen vernimmt. Es ist die Macht der Persönlichkeit, die durch ihr unmittelbares Band zu Gott immer zugleich über dem Staate ist, an welcher die Autorität des Staates diesen Widerstand findet, nicht ist es ein Widerstand in der Staatsordnung selbst. So gilt auch hier die Regel: „gebet dem Kaiser, was des Kaisers ist und Gott, was Gottes ist." Was den Staat angeht, auf den Staat wirkt, Aenderung der Obrigkeit, Lähmung, Abtreibung ihrer Gewalt, in das darf Niemand eingreifen, der nicht durch die Ordnung des Staates dazu berufen ist, da ist die Obrigkeit des Staates absolut die höchste Autorität; hingegen was das eigene Handeln und Unterlassen der Unterthanen betrifft, da ist Gottes Gebot und seine Stimme im Gewissen die höchste Autorität."

Schon Hugo Grotius hatte in seinem Werke de jure pacis et belli gesagt: „Das steht bei allen Guten unzweifelhaft fest, daß wenn etwas befohlen wird, was dem Naturrecht oder den Geboten Gottes zuwider ist, der Befehl nicht auszuführen sei."

In dem Kommentare des älteren Coccejus wird als Grund dieses Satzes angegeben, daß die Obrigkeit nicht befehlen könne, was nicht in der Macht der Untergebenen stehe, — und der Sohn des Kommentators, der Kanzler des Königreichs Preußen, hat ohne jedes Bedenken das Werk herausgegeben.

Genau auf demselben Boden stehend und mit derselben Maßgabe gebietet die katholische Pflichtenlehre den Gehorsam gegen das Staatsgesetz und die Obrigkeit kraft des Gewissens, weil die Staatsgewalt ebenso, wie die Kirchengewalt, von Gott angeordnet ist und auf göttlichem Rechte beruht. Der angeblich staatsfeindliche Syllabus verwirft darum in Nr. 63 ausdrücklich den Satz des modernen Liberalismus: „Man darf den rechtmäßigen Fürsten den Gehorsam versagen, ja sogar gegen sie sich empören." Jene christliche Pflicht des Gehorsams geht aber, wie gezeigt, nicht weiter, als die Rechtssphäre des Staates selber reicht, und diese Rechtssphäre umfaßt nach den vorstehenden Ausführungen mit Nichten das ganze Thun und Lassen des Menschen. Zur Erhärtung dieses Satzes bedarf es im Staate Preußen am wenigsten einer weiteren theoretischen Ausführung, weil er im Allgemeinen Landrechte selber förmlich anerkannt ist. Im Theil II. Tit. 11, welcher von den Rechten und Pflichten der Kirchen und Religionsgesellschaften handelt, bestimmen grundlegend die §§. 1 und 2: „Die Begriffe der Einwohner des Staats von Gott und göttlichen Dingen, der Glaube, und der innere Gottesdienst, können kein Gegenstand von Zwangsgesetzen sein."

„Jedem Einwohner im Staate muß eine vollkommene Glaubens- und Gewissensfreiheit gestattet werden."

In den §§. 27—29 ibid. wird weiter bestimmt, daß die Kirchen und Religionsgesellschaften sich in allen denjenigen Angelegenheiten, welche sie mit anderen bürgerlichen Gesellschaften gemein haben, nach den Gesetzen des Staates richten müssen. „Soll denselben wegen ihrer Religionsmeinungen eine Ausnahme von gewissen Gesetzen zustatten kommen, so muß dergleichen Ausnahme vom Staate ausdrücklich zugelassen sein."

Sodann bestimmen die §§. 30 und 31, welche auch heute noch Gesetzeskraft haben, wörtlich:

„Ist dieses nicht geschehen (also keine Ausnahme zugelassen), so kann zwar der Anhänger einer solchen Religionsmeinung etwas gegen seine Ueberzeugung zu thun nicht gezwungen werden;

Er muß aber die nachtheiligen Folgen, welche die Gesetze mit ihrer unterlassenen Beobachtung verbinden, sich gefallen lassen."

Mit diesem, das naturrechtliche Verhältniß förmlich sanktionirenden Satze des Preußischen Allgemeinen Landrechts ist die äußerste Grenze dessen erreicht, was die Machtvollkommenheit des Staates dem Gewissen seiner Unterthanen gegenüber beanspruchen kann. Allein mit diesem Satze ist auch das oben bezeichnete, als „revolutionär" gescholtene Verhalten der Preußischen Bischöfe buchstäblich gerechtfertigt, indem sie die mit der unterlassenen Gesetzesbeobachtung verbundenen Nachtheile widerstandslos getragen haben.

Das Preußische Landrecht verwirft durch jene Gesetzesstelle zugleich die in der Leidenschaft des s. g. Kulturkampfs hervorgetretene noch allgemeinere Behauptung, daß das Gesetz das alleinige private und öffentliche Gewissen sei, und daß demselben unbedingter und unbegrenzter Gehorsam geleistet werden müsse. Dieser freiheitsmörderische Gedanke kann und wird indessen nicht zu verwirklichen sein, so lange in der Zukunft, wie in der Vergangenheit vielfach geschehen, Gesetze gegeben werden können, welche mit der Würde und der Selbstachtung, ja mit der höchsten moralischen Pflicht des Menschen und Christen unverträglich sind.

Wenn trotzdem die Preußische Staatsregierung heute meint, jene Doktrin des leidenden Gehorsams nicht ertragen zu können, dann möge sie wenigstens nicht die Augen vor der Thatsache verschließen, daß es nicht genügen wird, das angebliche Uebel in seinen Symptomen, d. h. in den Kundgebungen der Presse und der kirchlichen Obern zu bekämpfen, — sondern daß sie gezwungen sein wird, dies angebliche Uebel an seiner Wurzel anzugreifen, was nur dadurch geschehen kann, daß sie den weitern Abdruck des neuen Testamentes verbietet. Denn dies Buch erklärt an hundert Stellen jenen blos leidenden Gehorsam nicht nur für erlaubt, sondern befiehlt ihn ausdrücklich; es konstatirt, ja es feiert sogar die Thatsache jenes passiven Widerstandes gegen das Gesetz in der Person der ersten Begründer und Verbreiter des Christenthums. Oder steht in der heiligen Schrift nicht zu lesen, daß die Predigt des Evangeliums gegen das Verbot des jüdischen Gesetzes und Hohenrathes begonnen hat mit der lauten Erklärung der Apostel, daß man Gott mehr gehorchen müsse, als den Menschen?! Und ist nicht dies Wort das Senfkorn gewesen, welches, gedüngt vom Blute der Bekenner, trotz aller Staatsgesetze zum christlichen Lebensbaume erwachsen ist?

Allein dieses Wort, welches auch heute noch für die Staatsgewalt, wie für die Bischöfe Geltung haben und behalten muß, wurzelt gar nicht einmal nur in der Christenlehre, sondern in dem angeborenen Menschenrechte als solchem. Schon Sokrates hat fast mit denselben Worten zu seinen Richtern gesprochen: „Ich halte euch lieb und werth, allein ich werde Gott mehr gehorchen, als euch."

Es dürfte seitdem auch kaum eine namhafte Stimme das Gegentheil behauptet haben außer Hobbes, — aber die Befolgung seiner verderblichen Doktrin hat die Stuart's auf's Schaffot und in's Exil geführt.

Die Augsburgische Konfession versteht jedenfalls jene Christenlehre genau ebenso, wie es heute die katholischen Bischöfe in Preußen thun, indem sie im Art. 16 laut ausspricht: „daß die Christen schuldig sind, der Obrigkeit unterthan und gehorsam zu sein in Allem, so ohne Sünde geschehen mag; wenn aber der Obrigkeit Gebot nicht ohne Sünde geschehen möge, so solle man Gott mehr gehorchen, als den Menschen." Dieser Satz ist ja auch die unbedingte Voraussetzung der Erlaubtheit der Reformation selber gewesen, indem dieselbe gegen das Verbot der damaligen Reichsgesetze in's Leben geführt ward, — nicht immer blos auf dem Wege des passiven Widerstandes, sondern wohl auch vermittelst sehr aktiver und direkter Gewaltanwendung.

Se. Majestät der Kaiser selbst haben noch vor kurzem diesem Grundgedanken klaren Ausdruck gegeben, indem Er zum Vorstand der Generalsynode die Worte sprach: „Es ist überall nicht gut, etwas zu thun, was nicht aus der Ueberzeugung und vom Gewissen kommt, am wenigsten aber in christlichen und religiösen Dingen."

Und wie steht es denn endlich mit dem Urtheile der Wissenschaft, namentlich der deutschen Wissenschaft, die ja in den Augen Vieler eine weit höhere Autorität besitzt, als das Evangelium? Die Antwort ist die, daß grade in dieser fundamentalen Frage das Urtheil Beider vollkommen übereinstimmt und dessen Rich=

tigkeit über jeden Zweifel erhebt. Bei der Fluth von Zeugnissen möge nur, nachdem die Aeußerung des hochgouvernementalen Publizisten Stahl bereits angeführt ist, das Urtheil des hochliberalen H. von Bluntschli hier seine Stelle finden. Er sagt im Staatslexikon:

„Der absolute und unbedingte Gehorsam hat nur dann einen Sinn, wenn er im Verhältniß zu einem Gebieter gedacht wird, dem in Wahrheit absolute Gewalt zukommt, d. h. in dem Verhältniß des Menschen zu Gott, aber er enthält in sich einen logischen Widerspruch, wenn er sich auf einen in seiner natürlichen Macht, wie in seinem Recht beschränkten menschlichen Herrn bezieht." — „Eine beschränkte Autorität hört jenseits ihrer Schranken auf, Autorität zu sein, und kann daher auch außerhalb ihres begrenzten Gebietes keinen Gehorsam mehr fordern." — „Wie sich kein Staat ohne Gehorsam denken läßt, so läßt sich auch kein civilisirter Staat mit unbegrenztem Gehorsam denken."

In seinem Staatsrecht sagt er weiter: „Das Individuum ist der Staatsgewalt nur insofern zum Gehorsam verpflichtet als die Sphäre des Staates reicht." — „Unbezweifelt rechtmäßig ist die einfache Versagung des Gehorsams." — „Christus selbst hat der Menschheit ein großes Vorbild hinterlassen, welches auch die zu stärken und mit freudiger Zuversicht zu erfüllen vermag, welche ihm ähnlich für das ewige Recht ihres Wesens die herbste Pein und selbst den Tod der Verbrecher erdulden, ohne wider die höhere Gewalt der Obrigkeit zum Schwerte zu greifen." Hier ist mit beredten Worten die Haltung und die ganze Lage der Preußischen Bischöfe, die man eine „revolutionäre" genannt hat, nach dem Leben gezeichnet; es ist der Sache nach genau dasselbe, was in der päpstlichen Encyklika vom März 1875 ausgesprochen worden ist. Auch ihr gegenüber hat man gar viel patriotische Entrüstung ob der Worte laut werden lassen: „illas leges irritas esse, utpote quae divinae ecclesiae constitutioni adversantur". Man hat behauptet, der Papst maße sich eine Souveränität über den Staat Preußen an, indem er jene Gesetze für null und nichtig erkläre. Nach der Ueberzeugung der Katholiken und nach dem Wortlaute des Satzes ist keines von Beiden der Fall; es wird nur die kirchlich verbindliche Kraft jener Gesetze verneint, insofern sie die Rechtssphäre des Staates überschreitend in das kirchliche Gebiet eingreifen. Diese Beschränkung wird hier noch viel deutlicher hervorgehoben, als es sonst geschieht, ohne daß das geringste Bedenken dadurch hervorgerufen würde. Prof. Dr. Schulze, Einleitung in das deutsche Staatsrecht. 1867. sagt S. 163. „Aber diese Unumschränktheit (des Staates) ist nur eine formelle, keine materielle. Ueber dem menschlichen Bereiche des Staats steht, als eine höhere Macht, die sittliche und natürliche Ordnung der Dinge, welche der Staat nicht umkehren oder verwirren darf, ohne ein schweres Unrecht zu begehen. So darf er die Freiheit der Wissenschaft, des Glaubens, die Heiligkeit der Familie, die ewigen Grundlagen des Sittengesetzes nicht angreifen. Thut der Staat es dennoch, so giebt es über der souveränen Staatsgewalt keine richterliche Autorität, welche ein solches materielles Unrecht auch formell dafür erklären und es bestrafen könnte, aber dem Betheiligten gegenüber erscheint ein solcher Akt der Staatsgewalt trotz seiner formellen Correktheit als unverbindlich. Er kann und muß in einem solchen Falle, freilich auf seine Gefahr hin, der ihre Sphäre überschreitenden Staatsgewalt den Gehorsam verweigern (passiver Widerstand) und gegen das Unrecht protestiren: „Man soll Gott mehr gehorchen, als den Menschen."

In der dem deutschen Reichstage ohnlängst vorgelegten Strafgesetznovelle war der Versuch gemacht worden, jede Rechtsausführung der vorstehenden Art als Vergehen bezw. Verbrechen zu behandeln, indem durch die neuen Strafparagraphen 110 u. 111 die Darstellung des Ungehorsams als erlaubt oder verdienstlich, ohne jede Unterscheidung zwischen aktivem und passivem Ungehorsam, mit Gefängniß bis zu 2 Jahren bezw. Zuchthaus von 2 bis 10 Jahren bestraft werden sollte. Der Reichstag hat indessen diesen Versuch ebenso, wie im vorigen Jahre bei §. 20 des Preßgesetzentwurfs, mit Einstimmigkeit abgewiesen und das Prinzip des Rechts und der Freiheit gewahrt.

Sollte es aber einmal dahin kommen können, daß bei dem wirklichen Vorhandensein einer Kollision zwischen dem Gesetze und dem Gewissen letzteres nicht mehr reagirte, sondern nur noch stiller, stummer Gehorsam waltete, dann wäre es nicht blos um jede Würde und Freiheit des Menschen und Christen geschehen; dann hätte der Staat selber seine sittliche Grundlage verloren, — er wäre zu einer Zwangsanstalt degradirt, welche jedem edeln Fürsten das Wort Friedrich's des Großen auf die Lippen führen müßte: "Ich bin es müde, über Sklaven zu herrschen!"

Diesen Betrachtungen gegenüber kann es wohl nicht zweifelhaft sein, welche innere Berechtigung dem durch Verordnung vom 6. Dezember 1873 angeordneten Zusatze zu der bisherigen Eidesformel der Bischöfe: "die Gesetze des Landes gewissenhaft zu beobachten", beizumessen ist. Dieser Zusatz würde an sich mit Rücksicht auf das Wort: "gewissenhaft" (nicht "gewissenlos") und auf den in der Natur der Sache selbst liegenden, oben bezeichneten Vorbehalt vielleicht unbedenklich erscheinen können; allein er erhält durch die aktuelle Veranlassung, welche ihn diktirt hat, eine Bedeutung, die mit dem christlichen Gewissen und der Menschenwürde nicht verträglich ist. Er will durch einen Eid das Gewissen verbinden, gegen das Gewissen zu handeln, indem er das Versprechen der aktiven Beobachtung aller bestehenden und künftig ergehenden Staatsgesetze, ohne jede Rücksicht auf ihren möglicherweise gewissensverletzenden Charakter, erfordert. Die Preußische Staatsregierung wird ja von der Ueberzeugung ausgehen, daß solche Gesetze weder gegeben seien, noch gegeben werden würden, allein es handelt sich hier nicht um deren Gewissen, sondern um das der Bischöfe. Kraft dieses individuellen Gewissens kann jenes eidliche Versprechen ohne Vorbehalt von Niemanden und am wenigsten von einem Bischofe gegeben werden, da derselbe zweifellos auch Pflichten gegen die Kirche zu erfüllen hat. Er kann als solcher nicht beschwören, die Predigt des Evangeliums und die Spendung der Sakramente von der Erlaubniß des Ober-Präsidenten abhängig zu machen, — er kann nicht beschwören, die Jurisdictions- und Disciplinargewalt des römischen Stuhles, dieses Einheitsbandes der Kirche, nicht anzuerkennen, oder sich selber durch den Spruch eines Staatsgerichtshofes seines bischöflichen Amtes entsetzt und seiner bischöflichen Pflicht entledigt zu betrachten.

Ein solcher, die Beobachtung eines jeden Gesetzes versprechender Eid würde sogar die Verletzung irgend eines Polizeigesetzes mindestens als fahrlässigen Eidesbruch charakterisiren. Darum fordert denn auch das Preußische Landesgesetz selbst von den zur Handhabung der Gesetze bestellten Staatsbeamten einen solchen Eid in keiner Weise.

Die vorstehenden Ausführungen finden entsprechende Anwendung gegenüber dem Gesetze betr. die Einstellung der Leistungen aus Staatsmitteln für die römisch-katholischen Bisthümer und Geistlichen vom 22. April 1875, insofern dasselbe in den §§. 2 und 6 die Wiederaufnahme der Leistungen an die Bedingung knüpft, daß dieselben sich schriftlich verpflichten, „die Gesetze des Staates zu befolgen." Die Königl. Staatsregierung selbst hat die moralische Bedeutung einer derartigen vorbehaltlosen Verpflichtung am schärfsten durch die, nach Zeitungsberichten an die Verwaltungsbehörden ergangene Weisung gekennzeichnet, daß die Namen derjenigen Geistlichen, welche diese Erklärung abgeben möchten, geheim gehalten werden sollen! Viele sind es sicherlich nicht.

IX.

Die Folgen der Maigesetze sind weithin erkennbar in den Ruinen, mit welchen sie das ganze große Gebiet des katholischen Kirchenlebens in Preußen bedeckt haben, — ihre Erfolge dagegen sind weit unter Null, indem sie überall das Gegentheil von dem, was erstrebt war, bewirkt haben. Das Band, welches die Laien mit dem Klerus, den Klerus mit dem Episkopate, den Episkopat mit dem römischen Stuhle verbindet, ist nicht gelöst oder gelockert, sondern hier und in der ganzen katholischen Welt stärker befestigt; das Traumgebilde einer Nationalkirche ist zerronnen. Viele Laue sind warm geworden, der Besuch der Kirchen und der Zudrang zu den Sakramenten ist stärker, denn zuvor, der Laiengottesdienst in den gesperrten Gemeinden erinnert täglich an die Noth der Zeit. Des katholischen Volkes hat sich dabei aber eine Verbitterung bemächtigt, welche die Einheit und die Kraft des Staates nach Innen und Außen nur schädigen kann.

Es sind darum auch schon Stimmen laut geworden, welche ganz andere Mittel, als die bisher versuchten, zur Durchführung des mit so naiver Siegeszuversicht begonnenen „Kulturkampfes" für unerläßlich erklären. Es wird das große Wort gelassen ausgesprochen: „dem Staate bleibe nichts übrig, als seinen Bürgern ohne Unterschied (d. h. in der Wirklichkeit nur 10 Millionen Katholiken!) die Religionsübung nach Anleitung des römischen Klerus zu verbieten". (Constantin Roeßler, Das Deutsche Reich und die kirchliche Frage. S. 437).

Dies Geständniß ist nach allen Seiten hin recht werthvoll;

der Rath selber ist zwar leicht in eine neue Straf- oder Polizei-Ordonnanz zu übersetzen, allein heute und hier noch schwerer mit Erfolg auszuführen, als im alten Kaiserlichen Rom oder unter der jungfräulichen Königin Elisabeth oder unter der Herrschaft der Jakobiner. Er fordert zur Ermöglichung einer Durchführung des „Kulturkampfes" nicht mehr und nicht weniger, als die Einführung der Ketzergerichte Seitens des Staates. Das also wäre die Krönung der modern-liberalen Kultur!

Dieser freundliche, zur Charakterisirung des „Kulturkampfes" besonders geeignete Rath erinnert darum nur noch an die Thatsache, daß diejenige Species von Philosophen nicht ausgestorben ist, von welchen Friedrich der Große sagte, er würde ihnen die Regierung eines Landes, das er züchtigen wolle, überantworten.

Andere verkünden, unbeirrt durch alle Rechtsbedenken und Erfahrungen, jener „Kulturkampf" werde und müsse siegreich durchgeführt werden, wenn man nur unverdrossen auf dem betretenen Wege weiter gehe, — das endliche Absterben des katholischen Lebens könne dann nicht ausbleiben.

Die Katholiken theilen zwar diese Anschauung nicht, sie sagen hier, wie immer: nec timemus, nec terremus, — allein wenn jenes Absterben wirklich eintreten sollte (was ja nicht absolut unmöglich ist, da die Verheißung der Dauer bis an das Ende der Zeiten nur der Kirche als solcher, nicht jeder ihrer Provinzen gegeben ist), dann täusche man sich wenigstens nicht darüber, wer der lachende Erbe des Abgestorbenen sein würde.

In der Wirklichkeit hat die katholische Kirche in Preußen bisheran an innerer Lebenskraft mehr gewonnen, als ihr an äußeren Existenzbedingungen genommen worden ist; das katholische Volk vertraut, daß sie auch diese Erschütterung im Staate Preußen überdauern wird, wie sie es in noch wilderen Stürmen der Vergangenheit bisheran vermocht. „Seht die Pfeiler unserer Münfter, — sie sind schweigend in den Menschenfluthen gestanden und sind heute, was sie vor Jahrhunderten gewesen. So stehen die Grundpfeiler von Religion und Ethik in der Geschichte, — sie zieht hindurch, umspühlt sie, brandet an ihr und reibt sie glatt, vermag aber nicht, sie zu erschüttern: denn der Bau ist nicht Menschenwerk, sondern Gottes Anstalt, an dem die Zeit abgleitet und an dem alle ohnmächtigen Versuche des Angriffes zu nichte werden." (Görres.)

Vom Standpunkte rein menschlicher Geschichtswürdigung ausgehend, hat Macaulay derselben Ueberzeugung den oft citirten beredtesten Ausdruck gegeben.

Die große Mehrzahl der Zeitgenossen scheint in der That auch nicht jene Vernichtung der katholischen Kirche in Preußen, sondern die endliche Herbeiführung des Friedens zu wünschen, den ja auch Fürst Bismarck als das Ziel des Kampfes bezeichnet hat. Allein man versteht unter diesem Frieden vielfach nichts Anderes, als die bedingungslose Unterwerfung der Kirche auf Gnade und Ungnade des omnipotenten Staates, — ja desselben Staates, der eben erst die Lage der Gegenwart geschaffen. Man sagt, die Kirche brauche ja nur die bindende Autorität der Gesetze des Staates anzuerkennen, und der Letztere werde sich bereit finden lassen, die drückendsten Bestimmungen der Maigesetze zu beseitigen und vielleicht sogar eine neue, günstigere Grenzmarke für das staatliche und kirchliche Gebiet zu ziehen.

Diese s. g. Wohlmeinenden übersehen, daß sie sich im falschen Zirkel bewegen und der Kirche zumuthen, sich und die katholische Minderheit des Landes grundsätzlich auch in den innerkirchlichsten Angelegenheiten der Staatsgewalt zu unterwerfen und damit alle diejenigen Fundamentalprinzipien zu verleugnen, welche nicht blos das Christenthum, sondern auch das Heidenthum und die gefeierte „Deutsche Wissenschaft" als das unveräußerliche Menschen- und Christenrecht proklamiren. Ein solcher Friedensvorschlag heißt, der Kirche die Zumuthung der Selbstexekution stellen, nachdem die gegen sie gerichteten Zwangsmittel sich als erfolglos erwiesen. Mit vollem Rechte sagt desfalls von Kirchmann: „Wenn nur der Staat es ist, welcher — die Grenze bestimmen kann, wo das Gebiet des Glaubens und des Gewissens anfängt, so ist offenbar die Selbständigkeit der Kirche und die Religionsfreiheit ebenso dem Belieben des Staates überliefert, wie es die Rechte der Sklaven sind, wenn sie in ihrer Begrenzung von dem Ermessen des Herrn abhängen."

Diese Stellung aber kann und wird die katholische Kirche nicht annehmen, so lange sie selber an die ihr gewordene göttliche Mission glaubt, bis an das Ende der Zeiten auch gegen das Gesetz des Staates das Evangelium zu predigen und die Sakramente zu spenden. Sie vertheidigt damit nicht blos die eigene Freiheit, sondern die allgemeine bürgerliche, politische und religiöse Freiheit der Gesellschaft gegenüber dem modernen Staatsgötzenthum, dessen Schreckgestalt freilich erst dann ganz erkannt zu werden pflegt, wenn sie nicht mehr in der pseudoliberalen Geheimeraths-Toga oder im Cäsarenschmuck, sondern schließlich mit der phrygischen Mütze der Jakobiner oder Communarden auf der Bühne der Geschichte erscheint.

Wer ernstlich vom Frieden reden will, darf also nicht von dem Gedanken an die Möglichkeit bedingungsloser Unterwerfung der Kirche, dieser freigeborenen und nur in Freiheit wirksamen Himmelstochter, unter das absolute Machtgebot des Staates ausgehen. Er muß vielmehr als Ausgangspunkt jedes Friedensgedankens den Satz annehmen, „daß nach der gemeinsamen Ordnung aller christlichen Völker Staat und Kirche als zweierlei, wesentlich selbständige Gemeinschaften zu betrachten sind." (von Roenne.)

Die innere und naturnothwendige Richtigkeit dieser Unterscheidung von Staat und Kirche kann ebensowenig bestritten werden, als die daraus gezogene Konsequenz, — und dennoch will man vielfach um keinen Preis diese letztere gelten lassen. Um diesen Widerspruch zu lösen, stellt sich denn auch hier zur rechten Zeit eine Phrase zur Verfügung, welche Alles decken soll.

Man sagt, auf jenem Wege werde die Kirche zu einem „Staat im Staate" erklärt, das aber könne doch nicht acceptirt werden. Dies letztere ist gewiß richtig, allein ebensogewiß beruht das Erstere nur auf einer handgreiflichen Begriffsverwirrung.

Der wirkliche Begriff des Staates ist ja nicht leicht erschöpfend zu formuliren, allein im Wesentlichen faßt er sich dahin zusammen, daß der Staat der Verband eines Volkes unter einer höchsten, mit der erforderlichen materiellen Macht ausgestatteten Obrigkeit zur Handhabung des Rechts und der Ordnung, sowie zum Schutze der leiblichen und geistigen Güter ist. Ein essentielles Attribut des Staates ist darum die höchste souveräne Macht zur Erzwingung und Verwirklichung der ihm gesetzten Aufgaben; — dieser ausschließliche Machtbesitz macht ihn zum wirklichen Staate und unterscheidet ihn von jeder andern thatsächlich oder rechtlich selbstständigen Existenz innerhalb des Staatsgebietes. So wenig die unabweisbare Anerkennung der selbstständigen Rechtsexistenz der Persönlichkeit, der Familie, der Korporation und Assoziation, ja des Eigenthums einen Staat im Staate begründet, ebensowenig, ja noch viel weniger ist dies gegenüber der bezeichneten Selbstständigkeit der Kirche der Fall, da diese letztere die Beziehungen des Menschen zu Gott repräsentirt, welche schon wegen ihrer Nichterzwingbarkeit außerhalb des Staatsbereiches liegen.

Kraft dieser Selbstständigkeit der Kirche auf dem ihr zustehenden ethisch-moralischen Gebiete kann also, so lange nicht eine noch höhere autoritative Stimme gesprochen, für die Frage einer möglichen Verständigung zwischen Staat und Kirche nur die oben abgedruckte bischöfliche Denkschrift vom 30. Januar 1873 die Richtschnur an die Hand geben.

In dieser Denkschrift ist gesagt, die Bischöfe würden auf dem

Wege der Verständigung in der Lage gewesen sein, einzelne Bestimmungen der Maigesetzentwürfe ohne Pflichtverletzung zu acceptiren, für einige andere würde vielleicht eine Vereinbarung mit dem apostolischen Stuhle zu erreichen sein, — die meisten Bestimmungen derselben seien dagegen unverträglich mit dem Lebensprinzip der katholischen Kirche.

Dies Alles ist heute und in alle Zukunft noch ebenso wahr und maßgebend, als es vor 3 Jahren gewesen. Es bleibt daher für den Staat Preußen in der Wirklichkeit nur die Entscheidungswahl übrig, ob er die durch göttliches Recht, durch zahlreiche Staatsverträge und durch Königswort verbürgte Rechts-Existenz der katholischen Kirche fernerhin anerkennen oder verleugnen will. Im letzteren Falle wäre der Vertilgungskrieg nicht nur gegen die Kirche selbst, sondern gegen 10 Millionen Preußische Katholiken erklärt, die sich nach dem Zeugnisse des Fürsten Bismarck im Sturmjahre 1848 als die treuesten, im Kriege gegen Frankreich offenkundigermaßen als die opferwilligsten Unterthanen erwiesen haben. Gebe Gott, daß es nie zu jenem Aeußersten kommen, — daß die Treue nicht auf allzu harte Proben gestellt werden möge!

Im ersteren Falle sind drei verschiedene Wege zur Wiederherstellung des Friedens eröffnet. Der naturgemäßeste und unmittelbar zum Ziele führende Weg ist der, welchen in den Jahren 1848—1850 die Preußische Staatsregierung selbst, im Einklange mit der Nationalversammlung und dem Deutschen Parlamente eingeschlagen hat, — die einfache Wiederaufnahme der Art. 15, 16 und 18 der Preußischen Verfassungsurkunde, wodurch in Verbindung mit Art. 109 ibid. der frühere Rechtszustand wieder hergestellt wird. Die Erfahrungen der Vergangenheit, verglichen mit denen der Gegenwart, können es nicht zweifelhaft erscheinen lassen, in welcher dieser Perioden es mit den Interessen des Staates sowohl, als der Kirche besser oder übler bestellt war. Bei der Krönungsfeier zu Königsberg im Jahre 1861 haben Se. Majestät der König Selbst auf eine feierliche Ansprache des Kardinals von Geißel erklärt: „Es gereicht mir zur Genugthuung, die Verhältnisse der katholischen Kirche für den Bereich Meines ganzen Staates durch Geschichte, Gesetz und Verfassung wohlgeordnet zu wissen." Das Wachsthum und Gedeihen, welches die Kirche unter dem Schutze dieser verfassungs= mäßigen Freiheit entfaltet hat, springt wohl unmittelbarer ins Auge als die Segnungen, welche daraus dem Staate selbst erwachsen sind; allein er hat sie geerndtet in der zunehmenden sympathischen Zusammengliederung aller Theile der Monarchie zu einem wahr= haft einheitlichen Ganzen, in der Versöhnung alter Gegensätze unter allen Deutschen Stämmen, — in der auf den Schlachtfeldern er= probten Thatkraft und Hingebung der ganzen Nation.

Wenn aus dieser verfassungsmäßigen Rechtsstellung der Kirche während einer fünf und zwanzigjährigen Vergangenheit keine Grenz= streitigkeiten hervorgegangen sind, so kann die Zukunft deren noch weniger in Aussicht stellen, nachdem trotz aller entgegenstehenden Bedenken die Civilehe überall eingeführt ist.

Ein zweiter Weg zur Wiedergewinnung des Friedens ist der der Verständigung mit dem römischen Stuhle, falls die Staats= regierung auch jetzt noch der Ansicht sein könnte, daß die der ka= tholischen Kirche durch die Verfassungsurkunde von 1850 einge= räumte Freiheit mit den Interessen des Staates nicht verträglich sei. Schon die bischöfliche Denkschrift hat auf diesen Weg mit der Erklärung hingewiesen, daß einige (sicherlich nicht alle) Bestim= mungen der Maigesetze vom römischen Stuhle angenommen wer= den könnten.[1] Mit Unrecht haben die Freunde des „Kulturkampfs" aus der Anerkennung dieser Möglichkeit den Schluß gezogen, daß alle diejenigen Bestimmungen, hinsichtlich deren eine Verständigung nicht ausgeschlossen sei, nicht das katholische Gewissen verletzen könnten, mithin auch jetzt schon befolgt werden müßten. Sie übersehen da= bei, daß das katholische Gewissen das von Gott gesetzte Prinzip der Selbstständigkeit der Kirche neben dem Staate als die Eri=

stenzbedingung der Kirche selber jetzt, wie immer festhält und fest=
halten muß, — daß dagegen dem Repräsentanten dieser wesentlich
selbstständigen Kirche das Recht und die Macht zusteht, je nach
Lage der Verhältnisse diese prinzipielle Selbstständigkeit auch durch
Selbstbeschränkung auszuüben, soweit dies ohne Preisgebung des
Heilszweckes der Kirche geschehen kann. Grade auf Grund solcher
Verständigung besitzt und übt die Krone Preußen Rechte inner=
halb der katholischen Kirche, welche ihr selbst die Maigesetze nicht
einseitig zuweisen zu können glaubten, beispielsweise das Recht, bei
Bischofswahlen ein Veto zu üben, sowie die in den ungraden Mo=
naten erledigten Domherrnstellen und die Dompropsteien vorbe=
haltlich der päpstlichen Institution zu besetzen.

Es ist nicht selten die weitere Behauptung aufgestellt worden,
der Abschluß von Konkordaten sei unverträglich mit der Würde,
ja mit der Souveränität des Staates, — auch nicht erforderlich
zur Erreichung des erstrebten Zweckes, da der Staat das Recht
und die Macht zur selbsteigenen Verwirklichung seines Willens
habe. Allein es ist klar, daß jenes angebliche Recht nur unter
der Voraussetzung bestehen würde, wenn Staat und Kirche nicht
nach der gemeinsamen Ordnung aller christlichen Völker als
zweierlei, wesentlich selbstständige Gemeinschaften mit geschiedenen
Lebensgebieten betrachtet werden müßten. Dieser auf seinem Ge=
biete souveräne Staat schließt auch unbedenklich nicht blos mit
andern Staaten, sondern ebenwohl mit den eigenen Unterthanen
rechtsverbindliche Verträge ab, — und er sollte es nicht mit dem
anerkannten Repräsentanten der selbstständigen katholischen Kirche
thun können oder dürfen!

Was sodann die angebliche Macht des Staates anlangt, seinen
einseitigen Willen auch auf dem kirchlichen Gebiete durchzusetzen,
so genügt wohl das bloße Wort „Kulturkampf" mit seinen rein
negativen Erfolgen, um den Irrthum klar zu stellen.

Es ist schließlich noch gesagt worden, der Staat Preußen könne sich schon um deswillen auf ein Konkordat mit dem römischen Stuhle nicht einlassen, weil Letzterer Konkordate überhaupt, ungeachtet ihrer Vertragsform, nur als päpstliche Spezialgesetze betrachte, welche einseitig vom Papste wieder aufgehoben werden könnten.

Diese Doktrin ist in der That von einzelnen katholischen Schriftstellern aufgestellt, jedoch von der weit überwiegenden Mehrheit bekämpft und widerlegt worden. Der römische Stuhl selbst hat die Konkordate jederzeit als bindende Verträge bezeichnet und behandelt; es ist eben bei dieser Frage entscheidend, daß Seitens des römischen Stuhles niemals ein Konkordatsbruch vorgekommen ist, während die Staatsregierungen, namentlich in den neueren Zeiten, die Konkordate theils unvollständig erfüllt, theils förmlich gebrochen haben. Die Theorie von der nicht verbindlichen Kraft der Konkordate wird denn auch hauptsächlich von den kirchenfeindlichen Schriftstellern im staatlichen Interesse vertreten. Eine ausführliche Darstellung der Gründe der gegenüberstehenden Anschauungen und der desfallsigen Literatur findet sich in dem Lehrbuch des Kirchenrechts von Vering. 1875. S. 416 u. f.

Was insbesondere den Staat Preußen anlangt, so hat derselbe die praktische Erfahrung gemacht, daß der römische Stuhl an den übernommenen Verpflichtungen mit Treue festhält. Nach dem Abschlusse der Verfassungs-Urkunde waren nämlich bei der Staatsregierung selber Bedenken hervorgetreten, ob die in der Bulle de salute animarum der Krone Preußen eingeräumten besondern Rechte fernerhin geltend zu machen seien; allein Papst Pius IX. hat auf Anfrage den unveränderten Fortbestand jener vereinbarten Rechte ausgesprochen.

Als letztes Mittel zur Lösung der Streites würde endlich noch die Trennung von Staat und Kirche oder die von Cavour proklamirte „freie Kirche im freien Staate" übrig bleiben, welche ja auch bis zum Beginne des „Kulturkampfes" als das liberale

Partheiprogamm in Preußen aufgestellt war und in mächtigen, innerlich befriedeten Staaten mit vorwiegend akatholischer Bevölkerung praktische Geltung hat. Dieses System, welches die Kirche, wie jeden andern Verein, auf den Boden des gemeinen Rechtes verweist, ist freilich nicht das normale oder ideale Verhältniß zwischen Staat und Kirche, welches allein durch die Concordia inter imperium et sacerdotium, durch das bewußt geordnete Zusammenwirken beider obersten Gewalten zur Erreichung der großen Menschheitszwecke verwirklicht wird. Allein wenn jenes harmonische Zusammenwirken nicht erreicht werden kann oder will, dann ist jene thatsächliche Trennung, nicht Scheidung der Lebenswege hier, ähnlich wie in der Ehe, das allein erübrigende Mittel zur Verhütung größern Uebels.

Der Staat Preußen hat sich bereits im Verlaufe des „Kulturkampfs" von allen historisch, theilweise rechtlich begründeten Verpflichtungen gegen die katholische Kirche thatsächlich losgesagt, — er wird sich um so ernstlicher die Frage stellen müssen, ob grade auf diesem Gebiete das synallagmatische Verhältniß von Recht und Pflicht dauernd verläugnet werden könne und dürfe. Das Bewußtsein unbegränzter Machtfülle gegenüber einer die Pflicht des leidenden Gehorsams lehrenden und übenden, aber moralisch unüberwindlichen Minderheit des Volkes mag ja über diese Gewissensfrage hinwegführen, — allein damit würde nicht eine Aussicht auf künftigen Frieden, nicht einmal den des Friedhofes, sondern nur auf weitere Verwüstung und Verbitterung eröffnet sein.

Der Staat, der sich eine solche Lage schafft, schädigt, ja zerstört schließlich die moralischen Grundlagen seines eigenen Bestandes in demselben Maße, in welchem er die seines christlichen Gegners stärkt und offenkundig macht.

Längst schon handelt es sich ja nicht mehr um einzelne Macht- und Rechtsfragen gegenüber der katholischen Kirche, — es handelt

sich um die allgemeinere Frage, ob den Kirchen und Religions=
gesellschaften überhaupt die Anerkennung selbstständiger, nach Gegen=
stand, Zweck und Wirksamkeit vom Staate geschiedener Ordnungen
gewahrt bleiben, oder ob sie im omnipotenten Staate auf= und
untergehen sollen.

Die grundsätzlich noch unangefochtene evangelische Landeskirche
selber hat es an sich schon erfahren, was diese bloße Fragestellung
in dem Volksbewußtsein für die Werthschätzung christlicher Lebens=
anschauung über Taufe und Ehe bedeutet.

Der vielgenannte Verfasser der Philosophie des Unbewußten,
von Hartmann, welcher das Christenthum und die christliche Welt=
und Lebensanschauung für einen überwundenen Standpunkt erklärt,
hat in seiner jüngsten Schrift: „Die Selbstauflösung des Christen=
thums" die letzten Konsequenzen des „Kulturkampfs" mit einer
Klarheit vorgezeichnet, welche die ernsteste Beherzigung aller
Christen ohne Unterschied der Konfession verdient und eine Per=
spektive eröffnet, welche schwerlich die in der Mehrheit der Kultur=
kämpfer selbst oder der Preußischen Staatsregierung und der Krone
ist. Er sagt: „Der letzte und tiefste Sinn dieses Kampfes ist die
Entscheidung der Frage, ob für das Bewußtsein der heutigen Mensch=
heit das Himmlische oder das Weltliche, das Ewige oder das Irdische
den Vorrang hat, ob das Religiöse oder das Weltliche, das christliche
oder das Kulturinteresse überwiegt. Inwieweit noch wahrhaft christ=
licher Sinn im Protestantismus steckt, ist daran zu erkennen, wie
weit innerhalb der protestantischen Sekten gegen den Staat Parthei
genommen und die Solidarität der christlichen Interessen mit
denen des Katholizismus erkannt wird. Ein Sieg des Ultramon=
tanismus würde sofort einen Sieg dieser orthodox=evangelischen
Bestrebungen im Protestantismus zur Folge haben; der Triumph
des Staates über den Katholizismus würde jene winzigen Gegner
wie den Staub von einer alten Scharteke mit wegfegen. Es
schreiben und sprechen Viele von dem gegenwärtigen Kulturkampfe,

aber wohl nur Wenige von Diesen haben sich klar gemacht, daß es der letzte Verzweiflungskampf der christlichen Idee vor ihrem Abtreten von der Bühne der Geschichte ist, gegen welchen die moderne Kultur ihre großen Errungenschaften mit Aufbietung der äußersten Kräfte auf Tod und Leben zu vertheidigen hat."

Diese Hoffnung des Christenhasses wird nicht in Erfüllung gehen, allein es ist heilsam, deren Existenz dem Bewußtsein der Gegenwart vorzuführen, die da im „Kulturkampfe" sich zu entscheiden hat zwischen der christlichen Weltanschauung und derjenigen modernen Kultur, welche den citirten Philosophen ausgesprochenermaßen bereits die Selbstvernichtung und die Weltvernichtung als das der Menschheit gestellte Ideal betrachten läßt, — die Philosophie der Verzweifelung proklamirt!

Die Urheber des „Kulturkampfes" haben dies Alles, wie gesagt, sicherlich nie gewollt, sie können nur durch schwere und folgenreiche Irrthümer auf den verderblichen Weg geführt worden sein.

Müssen sie aber den Irrthum anerkennen, dann ist zugleich ihre Verpflichtung zur Umkehr ausgesprochen, so viel persönliche Selbstverleugnung dies auch erfordern mag. Und diese Entschließung muß erleichtert werden durch die belehrende und warnende Thatsache, daß der „Kulturkampf" durchweg den lebhaften Beifall aller Derer gefunden hat, welche nicht blos den Altar, sondern auch den Thron für gemeinschädliche Dinge erklären.

Das Ansehen des Staates selber kann durch eine solche Ein- und Umkehr zum Rechten keine Einbuße erleiden, — und der großmächtige Staat Preußen am wenigsten, weil er damit nur zu den Traditionen seiner Vergangenheit zurückkehrt. Das Wort Friedrichs des Großen: „In meinen Staaten kann Jeder nach seiner Façon selig werden," ist zwar nicht der schönste Ausdruck dieser Traditionen, allein wieder zur Geltung gebracht, wird es den Frieden herstellen und neuen Aufbau auf den Ruinen ermöglichen.

Dieser Staat Preußen hat an sich selber die Wahrheit des Wortes erfahren: Concordia res parvae crescunt, zuletzt in den Jahren 1866 und 1870.

Möge ihm nie der Revers des Spruches entgegentreten:

Discordia vel maximae dilabuntur!

Anlage.

Adreßentwurf

der

Fraktion des Centrums im Reichstage vom März 1871.

„In dem großen Augenblicke, da Eure Kaiserliche Majestät nach glorreichen Siegen und nach wiederhergestellter Einigung der Deutschen Nation den ersten Reichstag um sich versammelt, beugen wir uns in Demuth vor Gott, mit dessen Gnade wir zu diesem Ziele gelangt sind.

Wir bringen Eurer Majestät, dem erhabenen Feldherrn, den Dank der Nation dar für den Heldenmuth und die Hingebung des Deutschen Heeres, dem es beschieden war, von Deutschland die drohenden schweren Gefahren zu wenden, und ihm die Stellung inmitten der europäischen Staaten zu sichern, die es durch seine Kraft und durch die Gesittung seiner Bürger einzunehmen berufen ist.

Was mit dem Einsatze so großer Opfer errungen worden, das wird sich Deutschland unter allen Umständen bewahren, es wird sich aber auch im Bewußtsein der erprobten Macht fortan um so eifriger seinen inneren Aufgaben zuwenden, allen anderen Staaten und Völkern eine Bürgschaft und ein Vorbild friedlicher Entwickelung.

Eurer Majestät folgen wir mit freudiger Zustimmung zu den dringenden Aufgaben, welche der beendete Krieg, und zu den dauernden Aufgaben, welche die Verfassung des Reiches uns stellt.

Alle unsere Kräfte werden zuerst dem hohen Berufe gewidmet sein, die Wunden zu heilen, welche der Krieg geschlagen hat, und die Pflicht des Vaterlandes zu erfüllen gegen Diejenigen, welche seinem Schutze Leben oder Gesundheit geopfert haben.

Allen Aufgaben werden wir unsere aufmerksame Mitthätigkeit zuwenden. Es überrascht nicht, daß der Krieg die Vorarbeiten der regelmäßigen Gesetzgebung verzögert hat; um so zuversichtlicher ist unsere Hoffnung auf eine segensreiche Thätigkeit in der Zukunft.

Mit Genugthuung vernehmen wir, daß aus der Kriegs=Entschädigung zunächst das Bedürfniß des Reiches, sodann die berechtigten Ansprüche seiner Mitglieder befriedigt werden sollen.

Für das Wohl der für Deutschland zurückerworbenen Gebiete ist das Deutsche Volk mit den wärmsten Gefühlen brüderlicher Theilnahme erfüllt. Die schönsten Denkmäler Deutscher Kultur und Deutschen Volkslebens erinnern an Deutsche Vergangenheit in Elsaß und Lothringen. Lange Entfremdung hat Vieles in Vergessenheit gebracht, aber reichhaltige Beziehungen der Stammesgemeinschaft sind noch vorhanden. Mögen Gesetzgebung und Verwaltung zusammenwirken, an diese Beziehungen überall anzuknüpfen, das Wiedererwachen des Deutschen Geistes zu unterstützen und in der Versöhnung der Gemüther die Bande zu stärken, welche die herrlichen Provinzen mit dem übrigen Deutschland wieder vereinigen. In diesem Geiste werden wir uns den Arbeiten widmen, welche die Grundlagen der neuen Ordnung schaffen oder vorbereiten sollen.

Kaiserliche Majestät! Die innere Befriedigung unseres Deutschen Vaterlandes nicht minder, als die Sicherheit Europa's ist durch die errungene Einheit dauernd gesichert, eine Einheit, welche, weit entfernt, die Erhaltung altbegründeter berechtigter Besonderheiten der einzelnen Stämme auszuschließen, dieselbe vielmehr gewährleistet. Mit Eurer Kaiserlichen Majestät hegen wir das feste Vertrauen, daß aus dem neu beginnenden Wettkampfe um die Güter der Freiheit und des Friedens die Nation nicht minder siegreich hervorgehen wird, als aus dem Waffenkampfe, dessen Lorbeeren unseres erhabenen Kaisers Stirne schmücken."